汉语谦辞及其英译研究

桂徐贵　许　岚

◎著

中国华侨出版社
·北京·

图书在版编目（CIP）数据

汉语谦辞及其英译研究 / 桂徐贵, 许岚著. — 北京：
中国华侨出版社, 2021.1
ISBN 978-7-5113-8399-0

Ⅰ.①汉… Ⅱ.①桂… ②许… Ⅲ.①汉语－敬语－
研究 Ⅳ.①H136.3

中国版本图书馆CIP数据核字(2020)第220612号

汉语谦辞及其英译研究

著　　者：桂徐贵　许　岚
责任编辑：江　冰
封面设计：邢海燕
经　　销：新华书店
开　　本：880mm×1230mm　1/32
印　　张：6.75
字　　数：130千字
印　　刷：河北盛世彩捷印刷有限公司
版　　次：2021年1月第1版　2021年1月第1次印刷
书　　号：ISBN 978-7-5113-8399-0
定　　价：45.00元

中国华侨出版社　北京市朝阳区西坝河东里77号楼底商5号 邮编: 100028
法律顾问：陈鹰律师事务所
发 行 部：(010)64013086　　　　　　传　真：(010)64018116
网　　址：www.oveaschin.com　　　　E-mail：oveaschin@sina.com

前　言

　　在中外交流领域中，汉语谦辞是具有重要研究价值的内容。而如何实现谦辞的对外翻译，尤其是汉英翻译，更是一个值得探讨的问题。长期以来，谦辞、敬语作为东方语言文化中的一个突出现象，在词法结构研究中引起了较大关注，但有关谦辞、敬语的汉英语义、语用对比或翻译研究却相对不足，较少有学者或专著对此进行专门讨论，本书试图在此领域进行初步尝试。

　　语言研究大多植根于现实中的言语行为或语言现象，一般是在实地考察或者掌握充分语料的基础上进行的。就语料而言，无论是语内的历时分析或语言变体研究，还是语际间的共时分析或者翻译研究，往往都离不开相关的语音素材或书面文本。要想收集足够多的汉英平行语音素材，目前还存在现实困难。所以，有关汉语谦辞的分析，首先就需要找到具有一定代表性的书面文本，并有针对性地进行案例分析或抽样研究。

　　由于谦辞是古代汉语的一个典型现象，同时在现代汉语中，尤其是现代汉语的口语交流中也有较好的保留，因此我们可以将对汉语谦辞的分析研究缩小到对一定时期（如倡导白话文运动的新文化运动时期）、特定文体（如富于浓郁口语色彩的小说、戏剧和影视脚本等）的语言和文本进行考察。

　　经过多方面的综合考虑，本研究具体选取了林语堂先生的两部主要作品《京华烟云》和《浮生六记》作为直接的案例研究对象。究其原因：这两部作品，一部是现代版的英文小说，另一部是历史体裁的英文译本，这两部作品均饮誉全球，具有深远而广泛的语言和文化影响力；且它们都有与之对应的中文文本，而与其相对应的中文文本也可以分别看成现代汉语和古代汉语的具体代表，从而可以进行语内（如现代汉语/白话文和古代汉语/文言文）和语际间（汉语和英语）的比照分析。因此，通过对这两部作品的英汉文本进行考察，从中选取的谦辞语料将具有一定的代表性。

　　另一方面，相对于其汉语文本，《京华烟云》和《浮生六记》这两部作品又可以看成林语堂先生应用不同翻译方法之后产生的杰作。首先，英文版的《浮生六记》是林语堂先生对清朝文言文原作的正译作品，而英文版的《京华烟云》则可以看成林语堂先生对《红楼梦》的现代化转译；而汉语版的《京华烟云》则在一定程度上可以看成译者对林语堂《京华烟云》文本的回译。所以，将《京华烟云》和《浮生六记》这两部作品作为具体的考察对象进行案例研究，将有助于我们有效检验文本翻译的准确性，并全面地考察汉英正译和英汉回译在谦辞翻译问题上的处理。

　　最后，林语堂本人的能力、成就和林氏作品文本本身的质量和影响也是我们在选取文本时的一个重要考量。林语堂先生作为一位学贯中西的学者和翻译家，其对汉语文化和汉语文本的翻译处理广受好评，具有良好的接受性。其在东西方文化交流和汉英翻译理论与翻译实践领域中所取得的辉煌成就，对我们今天的语言和翻译研究都具有十分重要的启发意义和参考价值。

在内容和结构上，本研究将以对比语言学观点为架构，从词法、语义、语用和语篇等多个层面对谦辞在汉英两种不同语言，以及古代汉语和现代汉语这两种不同语言变体之间进行对比和比较分析。研究将结合前人的分析成果，在样本分析和语料研究的基础上，具体探讨谦辞的定义和表现形式，汉英谦辞在词法、语义和语用方面的区别，谦辞在汉英互译过程中的对等形式，以及在谦辞翻译实践过程中可供选择的翻译方法和手段等。

具体来说，研究首先从谦辞的定义和分类入手，通过文献梳理和语言学分析，对汉语谦辞研究做了一个概括论述。然后，通过对林语堂先生的部分作品文本展开案例分析，综合定性研究和定量分析的方法对其中的谦辞进行抽样考察，以详细的数据和图表的形式着重探讨了谦辞在汉英互译，尤其是汉英翻译过程中可能存在的对等形式和翻译方式。最后，研究将结合一些主要的中外翻译理论和主张，例如，奈达的对等翻译理论、纽马克的语义翻译主张和有关文化翻译的部分观点等，从翻译效果方面进行评价，并以林语堂先生作品中的诸多实例具体论述不同翻译手段，尤其是直译（literal translation）手法在谦辞翻译实践中的可取之处。

研究具体回答了以下三个问题：（1）什么是谦辞，汉语和英语作为两种不同的语言，是否都存在"谦辞"这种语言现象。（2）如果存在，那么汉、英语言中的谦辞存在什么样的差别，汉、英语言能否实现谦辞的对应转换。（3）如果上述两个问题的答案都是肯定的，那么该如何实现谦辞的汉英翻译。

通过研究，我们发现：汉英语言中均存在广义上的"谦辞",但汉英谦辞之间也存在着非常明显的区别。具体来说,汉语谦辞侧重动词或动词短语的运用,英语谦辞(或谦辞对应成分)则侧重形容词或形容词短语的运用;汉语谦辞,尤其是古代汉语中的谦辞比英语谦辞的词汇化程度高,而英语谦辞的词汇化程度则相对比较低;汉语语言重视自谦策略,特别是自贬和自我否定策略的应用,而英语文本则往往只突出了礼貌原则的运用。

在翻译理论和翻译实践方面,传统的理论认为汉语自谦词语的翻译往往具有不可译性或在翻译的内容和形式上采用模糊的折中策略。但通过详细的语料对比研究表明,汉英语言中的谦辞完全可以通过否定词、贬义词和特定句子等具体的翻译形式来实现等效翻译。而恰当的直译手法不仅可以有效地实现跨文化交流,实现汉英语际间的互通,而且能够比较成功地保留源语言的语言特色和文化魅力。

以上就是本书的大致内容和主要结论。全书以作者的前期研究为基础,主要是以本人在上海外国语大学撰写的硕士毕业论文和在吉林大学出版社出版的中文专著的基础上,经补充、修改、调整、完善而成。研究只是作者在此领域的一个简单尝试,旨在对谦辞的语言学研究和翻译研究做出一定的努力和探索;希望能为相关领域的语言学分析和翻译研究提供一定的参考和借鉴,并对语言教学研究特别是文化特色词的跨文化研究提供新的语料。

在写作和修改期间,承蒙众位师长、朋友、同学和亲人的热情鼓励和无私帮助,在此谨向他们表示深深的感激!同时,我还要特别感谢出版社的诸位工作人员,感谢他们在出版前后的辛勤付出和无私帮助!鉴于作者的知识、能力所限,再加上临时决意出版，时间比较仓促，书中错误、遗漏之处较多，还请广大读者、同人多予批评、指正！

桂徐贵

2020年5月28日于越城

目　录

1

4

第1章 绪 论

长期以来，在如何改进中英语言翻译和实现有效的跨文化交际的问题上，国内外的众多专家学者做出了大量的学术探索和实践研究。这其中，包括对特定文化现象和（或）文化负载词的关注，如林语堂（1930）的翻译美学观点、奈达（1964，1967）的对等翻译理论、彼得·纽马克（1988，1991）的文本类型观点和语义翻译理论、顾曰国（1990）的礼貌原则主张等。

然而，针对汉语"谦辞"——这一典型的包含浓郁的语言文化信息的表达形式，大家关注的却不多，相关的学术研究成果就更少。国内外仅有的部分研究成果也主要侧重于对汉（源语言）英（目标语言）语言文化差异的描述或局限于对汉语称谓词表达方式的讨论，未能比较深入、系统地进行汉英谦辞的对比分析和翻译研究。相关的科研成果都有一个共同的不足之处，即在汉英语言翻译研究中往往就某一具体的语言现象浅尝辄止，未能针对像谦辞这样的特色现象进行深入分析，比如谦辞的词法构成、结构特征、语义演变、语用情境和语际翻译等，而这就是本书即将探讨的重点。本书将尝试在某种程度上弥补这一缺憾。

1.1　研究的目的和内容

提到中英语言对比，毫无疑问，它与语言翻译是很难分开的。而语言研究又常常是以文化为中心的。因此，针对诸如汉语谦辞等文化特色语言的分析就具有一定的理论意义和实践价值。本书所关注的汉英语际交流过程中的谦辞比照和翻译问题就旨在深入分析汉英翻译和英汉回译过程中所应遵循的一般原则和可能实现的翻译策略。

本书基本围绕着谦辞和谦辞的汉英表达形式展开。研究主要从语言学的角度出发，具体应用对比语言学的观点和方法，意图揭示汉英两种不同语言中可能存在的谦辞表达形式及其汉英翻译方法和手段，这或许也是为数不多的意在系统研究和有效评估汉语谦辞翻译问题的专门论述。书中将比较全面地具体展示不同的谦辞表达形式和自谦策略的实现途径。通过对现有文献的仔细分析，在批判地继承的基础上，精心选择林语堂先生的部分具有代表性的著作和翻译作品作为中英文谦辞的语料样本进行具体的案例分析，并结合有关学者的翻译理论和语言学观点，进行系统的对比研究。整个研究的设计旨在为以后的语言研究和翻译研究提供可能的参考和一定的借鉴。

书中的内容主要涉及如何将汉语谦辞有效地翻译成英文。具体来说，以下几个问题将是书中设法予以探讨和阐述的：（1）在汉英两种语言中，是否都有谦辞这一现象，准确地说，英语中是否也存在某种意义上的谦辞语言或表达？（2）如果是的话，那么，它们之间是否存在完全意义上的可译性或者等效交流的可能性？（3）如果上述两个问题的答案都是明确的，那么如何才能实现两种语言中特定谦辞在语义和语用方面的有效翻译和运用,尤其是谦辞的汉英翻译?

为了能揭示所有这些问题的答案,书中将做出一个相对全面的分析,以期能够找出在汉语谦辞的翻译过程中可能存在的某种有效方法。通过详细的对比分析,笔者发现,汉英两种语言中均存在广义上的谦辞,但汉英谦辞之间也存在着非常明显的区别。具体来说,汉语谦辞往往侧重动词或动词短语的运用,而英语谦辞则往往侧重形容词或形容词短语的运用;汉语谦辞,尤其是古代汉语中的谦辞比英语谦辞的词汇化程度高;汉语语言重视自谦策略,特别是自贬和自我否定策略的应用,而在英语中则突出强调礼貌原则的应用。

在翻译理论和翻译实践方面,传统的理论认为汉语自谦词语的翻译往往具有不可译性或在翻译的内容和形式上采用模糊的折中策略。但通过本书中详细的语料对比研究,表明汉英语言中的谦辞完全可以通过否定词、贬义词和特定句子等具体的语言形式来实现翻译和沟通。而在翻译手段方面,恰当的直译手法不仅可以有效地实现跨文化交流,实现汉英语际间的互通,而且能够比较成功地保留源语言的语言特色和文化魅力。

1.2 研究的基础与范围

很显然,如果没有先前众多学者的文献积累与贡献,学术研究就不可能取得长足进步。翻译理论和翻译实践的发展也是如此。现有的有关学术资料是本研究得以正常开展的基础。通过对有关论文和专著的梳理,我们将相关文献按照与谦辞对比研究和翻译的相关程度进行了分类。共有三大类别:谦辞的语言学研究,语言学派翻译理论研究和不同语言与文化的对比分析。

1.2.1　研究的理论基础和前提假设

先进的和多样化的翻译理论是翻译领域学术发展的重要基础。同时，国内外出版的丰富翻译作品也进一步促进了翻译学科的繁荣。根据潘文国的观点，西方翻译理论的发展大体可以被分为三大阶段，分别是"传统翻译学阶段"（traditional translation studies）、"现代翻译学阶段"（modern translation studies）和"当代翻译学阶段"（contemporary translation studies）。[①]值得一提的是，只有在所谓的"当代翻译学阶段"，翻译学科才取得了长足的发展和进步。因为众多边缘学科相关领域的发展为繁荣翻译学科产生了积极的促进作用。这期间，众多翻译流派和杰出代表人物为翻译理论的深入拓展带来深远影响。比较著名的有奈达（Eugene A. Nida）、卡特福德（J.C. Catford）、威尔斯（Wolfram Wilss）、纽马克（Peter Newmark）、费道罗夫（A.V.Fedorov）、穆南（Georges Mounin）和达尼卡·塞莱斯科维奇（Danica Seleskovitch）等。

其中，学者纽马克从语言学的角度，提出了翻译的可及性问题，为我们进行文化负载词和特定文化词的翻译，尤其是谦辞的翻译，提供了重要借鉴。纽马克认为跨文化的语言翻译是完全可能也是可行的。如他在 *Approaches to Translation*（《翻译问题探讨》，2001）和 *A Text book of Translation*（《翻译教程》，2001）中曾提出："一切文本都是可译的，没有任何例外（Everything without exception is translatable）。"同时，和林语

---

① 潘文国. 当代西方的翻译学研究——兼谈"翻译学"的学科性问题[J]. 中国翻译，2002.

堂一样，作为一名多产的翻译学家，纽马克还指出翻译不仅是一门科学，更是一门艺术（Translation is a science as well as an art or craft），这在某种程度上与林语堂的翻译美学和强调翻译技巧的思想有异曲同工之妙。

以上这些重要的论断对我们进行与谦辞相关的语言学和翻译学研究具有重要的启发意义和指导价值，也是本书进行相关分析和探讨的重要前提。

正如纽马克所指出的："语言是文化的部分反映和产物（A language is partly the repository and reflection of a culture[①]）任何有关翻译的研究无疑都是和语言乃至文化紧密相连的。因此，人们研究了很多翻译理论或模型，以讨论如何才能有效或准确地传递文化信息。所谓的异化（alienation，foreignizing）和归化（adaptation，domesticating），就是跨文化交际的一套重要方法。奈达（1964）和纽马克（2001）等学者在不同的场合分别强调了文化翻译和异化翻译的重要性，强调了维持源语言特色和保留原创者的观点和视角的重要性。这些基本主张和看法都突出了文化因素在翻译中不可忽视的意义和作用，他们也无疑为我们在进行汉英谦辞的相关讨论时拓宽了视野。

同样，随着对比语言学在中国大陆的发展，尤其是国内学者关于中英文对比研究所取得的进步，使我们针对汉语谦辞进行多语言的对比分析和翻译研究成为可能。1992年，许余龙教授在上海出版了《对比语言学》。这是一项重要研究成果，就曾有学者将其与Fisiak（1981）的专著 *Contrastive Analysis* 相媲

---

① Newmark. *A Textbook of Translation* [M]. Shanghai：Shanghai Foreign Language Education，2001.

美①，因为它标志着对比语言学在中国作为一门对立学科的正式确立。十年后，许余龙教授的《对比语言学》在上海得以重新再版。通过此次修订，许教授又补充了"对比语言学和翻译"与"定量对比研究"两章。这些著作和研究成果的正式推出对我们今天的学术发展产生了积极影响。在本书中笔者也将借鉴定量分析和对比研究的方法去具体分析汉英语言在谦辞表达上的异同，并进而探讨汉语谦辞在英译过程中实现等效交流的可能性和相关技术方法的可取性。在研究的具体操作过程中，许余龙博士的其他两篇文章《英汉指称词语表达的可及性》(*Referring Expressions and Their Accessibility in Chinese and English*)和《定量对比研究的方法问题》(*Some Issues in Quantitative Contrastive Studies*)也为我们进行谦辞的对比研究提供了一个具体的参考框架。

最后，必须要提到的是林语堂先生本人在翻译学方面的杰出贡献。林语堂先生不仅提出了一些有关翻译的重要理论论述，还亲身投入中英文的翻译实践中。在他的有关翻译论述中，着重强调了语言的美学和心理学特征，并多次提到语言翻译的"美学"标准和源语言以及原作者在表达方面可能存在的心理暗示。

林语堂一生著述颇丰。他在东西方跨文化交流以及英汉语言写作方面所取得的丰硕成果，为我们从事相关翻译研究和语言对比提供了大量的素材和资源。从古代汉语的英译和现代汉语的英译，从白话文写作到标准美式英语的创作，林语堂的著

---

① 杨自检，李瑞华. 英汉对比研究论文集[M]. 上海：上海外语教育出版社，1990.

作种类繁多。很明显，他的作品为我们的对比研究和比较分析提供了多样化的语料素材。因此，从某种意义上说，选取林语堂先生的文学作品，无论是在语言形式上，还是在语言发展的历史阶段上，抑或是在文学作品的题材上，都能帮助我们大大避免在文本选择上的一些客观局限。

在充分考虑有关翻译理论和语言学观点之后，整体上，以下学术论点是我们进行这项研究的基本假设，也是全书进行立论、阐述的基本前提。

（1）不同语言间的可译性与可比性。不同语言之间，或者同一语言在不同发展阶段的不同语体间具有语义表达和语用交流的可比性和语言翻译的可行性。

（2）不同文化间的互通性和文化交流的可能性。不同文化之间具有共时和历时的共性特性或特征，不同文化背景的人在语言交流时是可以相互沟通和理解的。

1.2.2 研究的具体范围和组织结构

当然，期待仅仅在短短的几个章节之中就能对语言翻译问题做出比较全面的阐述和探讨是不太现实的。因此，有必要将相关的研究范围缩小并做一些有实际意义的工作。汉英翻译中谦辞的研究就是比较有趣的话题。在此之前，很少有学者出版专著或论文探讨这一问题，因此，这会是一个很有意义的工作。本书的一个重要研究目标就是要分析和说明汉英两种语言有关谦辞表达的部分问题。书中的主要内容包括不同语言中谦辞的简单对比，直译方法的实践应用，以及谦辞翻译过程中可能运用的其他方法和手段等。

书中从谦辞的定义、界定和分类入手，突出了对英、汉谦辞不同表现形式的对比分析和相应的翻译研究。为了使研究过程更加直观、研究结论更为科学，书中还引用了案例分析作为研究方法，以求更好地说明汉语谦辞在汉英语言翻译中的实现过程。书中的整体研究主要是建立在对林语堂先生主要作品进行语料分析的基础上。具体来说，就是以林语堂先生的著作*Moment in Peking*（英文原著）和张振宇先生的《京华烟云》（中文译著）以及沈复先生的《浮生六记》（古代汉语原著）和林语堂先生的*Six Chapters of a Floating Life*（英文译著）为基本文本，运用语言对比的方法，结合奈达的对等翻译理论和纽马克的文本类型观点和语义翻译理论，以定性和定量分析相结合的方式进行研究。从而可以大致勾画出谦辞在汉英语言中的异同和实现汉语谦辞有效英译的可能途径。通过最终的分析结果，书中也将展示合理运用直译手法在进行汉英正译、英汉回译中的独特作用和意义。

全书总共十章。第2章至第4章主要侧重理论分析，第5章至第9章侧重实践研究，为此次研究的主要内容。每章主要讨论一个具体问题。其中：

第1章为简介。包含两节内容，第1节介绍研究的目的和内容，第2节说明研究的基础与范围，包括研究设计和立论的理论基础和前提假设、其涵盖的具体范围和本书的组织结构等。

第2章主要论述和限定了我们的具体研究对象，包括谦辞和敬语的联系和区别、谦辞的定义与特征以及谦敬语言的策略应用等。同时，为了更好地解释自谦和谦辞，也列举了一些典型的字、词和句子作为具体实例以供分析。

第3章重点讨论了谦辞的语言学研究，在进行细致的文献分析之后，着重强调了谦辞的界定和分类研究、谦辞的词法研究和谦辞的语义和语用研究等。

第4章主要围绕着与谦辞有关的翻译理论展开，重点分析了谦辞的可译问题和语言翻译的方法问题。具体来说，包括奈达的文化翻译主张和对等翻译理论以及纽马克的语义翻译理论和文本类型观点等。此外，根据语料研究的需要，简要介绍了林语堂先生的生平，重点交代了林语堂的翻译理论、翻译实践和翻译成就，为后面的案例分析和样本研究做出背景说明，阐述了我们选择林语堂作品进行语料分析的客观原因。

第5章主要介绍了研究的设计和即将使用的主要研究方法。主要说明了文本的选择和语料的抽样过程，研究所使用的案例来源和定性及定量分析的方法。

在第6章中，列出了一些具体实例，详细展示了汉英谦辞表达上的异同。通过汉英谦辞表达结构在词法、语义和语用方面的比较与对比，初步掌握谦辞在汉英两种语言中存在的一些具体特征。

第7章讲的是谦辞的翻译评价，主要借鉴于奈达的对等翻译理论，从语义和语用等方面具体分析了实现汉英谦辞翻译的可能性，并分类探讨了谦辞翻译过程中可能存在的对等效果、部分对等效果和不对等效果。

第8章主要探讨谦辞翻译过程中可能用到的具体方法，包括纽马克所倡导的语义翻译法和交际翻译法等，并通过具体的例子展示了直译方法的可取性。同时，还通过林语堂的作品详细展现了有关谦辞翻译的具体手段。即大量否定词、贬义词和特殊句子的应用等。这其中还包括像worth、honor等个别英语词汇的频繁运用。

第9章则通过《聊斋志异·瑞云》篇的不同译文文稿具体了解谦辞的篇章翻译手法。并在同一文本（即蒲松龄原著）的不同语言形式（汉语和英语）的译文之间和不同翻译风格的译文（丁望道等四位不同译者的翻译作品）之间进行比照鉴赏。

第10章旨在就本书所包含的主要内容和已经得出的主要观点做出总结。在本章中，笔者也将说明本次研究的内在缺陷与不足，以及对未来研究的建议等。

第2章 谦辞的基本知识

谦辞，也称谦词、谦让语，顾名思义，就是谦虚、谦让性的言辞；即自谦行为的言语表达，或者说是在一定社会语言环境中言语上的自谦行为。它是自谦文化在语言方面的具体表现。

自谦是与特定的文化背景和传统习俗相关联的，常常被视作东方文明的典型特征，反映了东方人的一些特殊文化理念、思想观点和语言行为范式。在现实生活中，自谦往往表现为一种有意识的、习惯性的和高度自觉的"卑己尊人"式的行为方式、思维模式和态度认识。

在中国，自谦往往被看作一种传统美德，是讲文明的象征，并一直以来被当作人生的信条，为中国人所广泛接受。顾曰国将其称为"最富有中国文化特色的礼貌现象"[①]。中国人从小就开始接受谦虚的文化熏陶，如老子所言："天之道，利而不害；圣人之道，为而不争。"[②]从中我们不难看出，谦虚谨慎是中国文化的精髓，是中国人的重要思想主张之一。经过几千年的文明发展，自谦思想已经深入人心。

而作为一个文化特色词的典型代表，汉语谦辞是特定社会

---

① 顾曰国. 礼貌、语用与文化[J]. 外语教学与研究，1992，4.

② 林语堂. *The Wisdom of Laots*[M]. 西安：陕西师范大学出版社，2004.

条件下汉语发展的必然产物，中国的自谦文化由来已久，汉语谦辞的发展也源远流长。"谦虚"一词首先出自《尚书》（*the Book of Documents*）之《虞书·大禹谟》篇。在这部几千年前用来记录中国重大历史事件的古代文献中，首次提道："满招损，谦受益，时乃天道（Haughtiness invites losses while modesty brings profits，that is the nature）。"①而《周易·谦卦》中也说："谦谦君子，用涉大川（A modest，self-disciplined gentleman is capable of travelling through the world②）。"

2.1 谦辞和敬语

提到谦辞，人们常常会想到敬语。而要谈谦辞和敬语，又不得不提到谦称和敬称，即表示谦卑、尊敬等礼貌或等级观念的称谓语。然而，谦辞和敬语所表达的内容要比这个大得多，其表示的意义也要广泛得多。

谦辞和敬语往往同时出现，是不可分割的对立统一体，人称谦敬词或敬谦辞、敬谦词、敬谦语等，如范董平（2008）、赵丕杰（2015）、王泽鹏（1993）、范之（2002）、李露蕾（2004）、刘宏丽（2007）、李丹（2013）等都以不同的称谓对此做过专门的论述。

2.1.1 谦辞和敬语的基本概念

王泽鹏（1993）就曾引用《现代汉语词典》中的注释来阐

---

① 李定坤. 汉英辞格对比与翻译[M]. 华中师范大学出版社，1994.

② 引自 www.Kingsoft.com。

释何为敬谦辞。他说，谦辞依《现代汉语词典》的注释应为：含谦虚口吻的言辞，如"过奖""不敢当"等。并认为谦称词语作为对自己或对与自己有关的人和事物的谦卑称呼，是谦辞的一部分。而敬辞则依《现代汉语词典》的注释应为：含恭敬口吻的用语，如"请问""借光"等。同样地，敬称、尊称词语，作为对他人或对与他人有关事物的尊敬称呼，是敬辞的一个组成部分。

显然，根据王泽鹏（1993）的观点，谦称和敬称（或说尊称）不等同于谦辞和敬语，它们只是谦辞、敬语的一个子集——一个常见的组成部分，但不是全部内容。而本质上，王泽鹏（1993）认为：敬谦只是语言运用上的一种修辞手法，是词义系统中的一种修辞意义或附加色彩，即态度色彩[1]。

类似地，刘宏丽（2007）也指出：谦辞就是含谦逊的基本意义或附属意义（色彩）的词语，如"愚者一得""拙荆""菲礼""管见""末将""谬奖"等。同时，与之相应地，敬辞则是含恭敬的基本意义或附属意义（色彩）的词语，如"令尊""陛下""蓬荜生辉""惠存""枉驾""贵庚"等[2]。

范董平（2008）对此进一步提出，"谦敬词是古人在书信与对话中常用的修辞手法，是礼的原则在语言上的体现"。和王泽鹏（1993）一样，范董平（2008）也暗示说：谦辞和敬语多适用于特定的指称对象和一定的交际范围。谦词是"自称中的礼貌用词"，即称呼"自己或与自己有关的人"或谈

---

[1]　王泽鹏.《现代汉语词典》的敬谦辞[J]. 辞书研究，1993.

[2]　刘宏丽. 关注成人敬谦辞运用的得体性——由敬谦辞的误用所想[J]. 中国成人教育，2007.

论"自己或与自己有关的事"的"谦卑的言词";而敬词则是"他称中的礼貌之词",是称呼"他人或与他人有关的人"或谈论"他人或与他人有关的事"的"尊敬的言词"。在对《敦煌汉简》进行文本考据的过程中,范董平(2008)就以谦敬辞的指称对象和交际范围为标准把谦辞分为两类:一类是从己方的角度出发,表示谦卑的自称,如"臣""小人""粪土"等;另一类则是用谦卑的口吻或态度来描写己方的行为,如"敢""窃""愚"等①。

2.1.2 谦辞和敬语的相互关系

如前所述,汉语中的谦辞和敬语可以说是中国人朴素的谦虚理念和传统的"儒""礼"文化的重要体现,是"谦己尊人、克己奉公"思想的完美诠释。所以,作为"礼"的语言,谦辞和敬语是自谦文化或西方所说的礼貌语言的一体两面,其本质相同,形式和内容也几无二致。

自古以来,谦、敬不分家,谦己、敬人向来是融于一体,密不可分。刘宏丽(2007)就说对己谦逊就是为了更好地对人恭敬②,所以敬辞和谦辞恰似一对孪生儿,自古就作为礼貌语言的一个重要分支,被人们相提并论。

谦辞和敬语是"礼"制文化和礼貌语言的一体两面,这不仅体现在人们的思想认识上,还突出体现在人们的言语行为当中。在平常的对话交流过程中,谦辞和敬语常常是成对出现、

---

① 范董平.《敦煌汉简》谦敬词的修辞特点[J]. 兰州学刊,2008.

② 刘宏丽. 关注成人敬谦辞运用的得体性——由敬谦辞的误用所想[J]. 中国成人教育,2007.

匹配使用的；其中的缘由就在于其指代的对象或隐射的人际关系往往是相互映衬、互相对应的。

　　这在称呼语中尤其明显，无论是中心词还是修饰语莫不如此。如："晚"之于"前"，"后"之于"先"，"小"之于"大"，"臣"之于"君"等。所以就有"晚辈"对应"前辈"，"后生"对应"先生"，"小娘"对应"大妈"，"臣妾"对应"夫君"之类的谦敬用语。除此之外，即使是用于表达某种行为和动作，谦辞和敬语之间有时候也会因为交际对象或者言说对象的不同而出现类似形式或意义上的对应关系，如："宏论"之于"谬言""勤耕"之于"偶得"等。

　　值得注意的是，谦辞和敬语的这种形式或意义对应是相对而言的，其联系和区别并不总是泾渭分明，部分谦辞和敬语往往要依据不同语境和交际对象来进行具体分析和灵活运用，所以容易产生混淆甚至是误用。如李露蕾（2004）就以韩国某教授对"小名""大名"的类推错误而说明了敬谦词运用之难[①]。刘宏丽（2007）也以某位山东省省长、选美某佳丽等在公众场合错用"蓬荜生辉""芳名""芳龄"等词语为例，强调要高度关注成人敬谦辞运用的得体性[②]。

　　然而，比较遗憾的是，虽然谦辞和敬语的相互联系十分紧密、在使用上牢不可分；但在学术分析和实践研究中却没有受到同等的重视。正如刘宏丽（2007）所言，曾被西方人名之为"自贬传统（tradition of self-depreciation）"的中国本土文化在

---

① 李露蕾. 小、大类推之误——敬谦词运用之难[J]. 修辞学习，2004.

② 刘宏丽. 关注成人敬谦辞运用的得体性——由敬谦辞的误用所想[J]. 中国成人教育，2007.

张扬个性和凸显自信的西方文化的悄然渗透下正渐渐地远离我们的工作和生活①。在西方主导的学术氛围下，传统意义上的谦辞研究也较难得到学术界的重视。王泽鹏（1993）也以在《现代汉语词典》中收录的谦辞和敬语的比重失衡为例，通过其中存在的谦、敬词条和释例收录不均的现象，指出该辞书因对谦辞的关注太少而造成了不少谦辞条目的缺漏，并建议要在以后的修订中予以增补②。

很显然，学术上的这种重视敬语、忽视谦辞的现象纵非先天而来也是存在已久，形式隐秘，影响深远。现实情况是，当提到敬语（honorifics）和敬语研究的时候，人们恐怕首先想到的是日语和韩语及其相关研究。正如同礼貌语言并非东方文明的特有形式一样，敬语也非汉语所独有的显著特征。所以语言学上的敬语研究，多数情况下，指的是相关学者对日语和韩语敬体结构的分析和论述。作为一种礼貌语言现象和特殊语言结构，敬语被视作日、韩语言的重要特点，是学术界——尤其是西方学术界的热门话题，但对所谓的自谦语（huminifics）的关注却十分不足，甚至连谦辞这样的术语在英语文献中都难觅其踪，没有形成固定概念；纵然偶有提及，使用的术语也是五花八门，甚至不明所以。至于"huminifics"这个仿造"honorifics"的术语，也很少有人使用。

鉴于此，在本研究中，将突出强调谦辞和敬语的统一性、一体性，重视其相互联结、对应匹配的紧密关系；尤其是重视谦辞的独特形式和意义，并将敬语纳入谦辞的概念范畴，进行

---

① 刘宏丽. 敬谦辞浮沉与文化变迁[J]. 宁夏社会科学，2007.

② 王泽鹏.《现代汉语词典》的敬谦辞[J]. 辞书研究，1993.

统一考察，从而区别传统概念上的西方话语中的"敬语"研究。所以，除非有特殊说明，下文中的谦辞指的是广义上的谦敬辞，笔者将遵照"卑己尊人"的概念标准进行谦辞的抽样、比较和分析论述。

2.2 谦辞的定义和特征

2.2.1 谦辞的定义

那么，在本研究中，什么样的语言才能最终归属于谦辞？如何抽样和甄别，谦辞又有哪些具体特征？在进行深入阐述和具体研究之前，这是首先要弄清楚的。接下来，笔者将具体分析一下谦辞的语言学特征，并在可能的情况下，就本研究中的谦辞概念给出一个明确而具体的定义，以备后面的样本研究和定性分析。

首先，遵照前文分析，如果说自谦可被广泛认为是文化传统中的一种"卑己尊人"式的特殊行为方式、思维模式和态度认识；那么，谦辞则可被理解为：用于向听众、观众或者可能存在的相关第三方表示谦卑、进而彰显礼貌和敬意的语言。

谦辞既然可以被看作自谦观念在言语行为方面的外在表现，则其应当包括多种语言形态、话语方式和不同的结构形式。单就语体而言，至少就有书面语言、口头语言和肢体语言等不同符号体系的划分。这其中，尤其又以口语和书面语最为常见，而肢体语言作为一种特殊的符号系统，往往也是和具体的口语表达分不开的。其次，从结构形式方面来看，谦辞可能还包括音素、词素、短语、句子、段落、篇章等不同层级的结构。

当然，在本书中，主要讨论的是有文字形式的谦辞，包含书面语和口语这两种语体形式，不含非文字的纯语音符号或肢体语言；即本书中的谦辞指的是"人们向交际对象或者可能存在的相关第三方表示谦卑、礼貌或敬意的文字语言"。这样的文字语言可能包含多种结构形式，不仅是词、短语、小句，更可能是涵盖从语素到篇章话语的所有层级结构；不仅是语义分析，也还包括语用研究；不仅是结构说明，也应包括语境分析等。

2.2.2　谦辞的特征

如上所述，谦辞是在特定文化背景条件下，以某种语言形式为基础的"卑己尊人"式的思想沟通和意思表达，所以，谦辞不仅可以从文化的角度进行分析，也可以从语言学的角度进行研究。综合语言和文化的不同视角，概括来看，谦辞一般具备民族性、时代性、指代性、方向性和相对性等显著特征[①]。其中，民族性和时代性可以说是多数语言文字的共有属性，而指代性、方向性和相对性则属谦辞的专属特征。

所谓民族性，是指不同民族、不同语系的语言，具有本民族、本语系的鲜明特征和属性。刘宏丽（2010）就说：民族性是汉语谦辞的一个重要特点。这可以从汉语（汉藏语系）与英语（印欧语系日耳曼语族的西日耳曼语支）的比较中得到验证。例如，许余龙教授就曾认为：汉语有专门的表谦义位，符合Banczerow（1980）主张的综合型表达法（synthetic expression）；而英语一般就没有专门的致谦义位，所以不得不

---

① 刘宏丽. 现代汉语敬谦辞[M]. 北京：北京语言文化大学出版社，2001.

借助于短语来进行意思的转换，属于分析型表达法（analytic expression）①，这一观点将为我们探讨谦辞的汉英转译或自由翻译带来启发。

所谓时代性，是指谦辞会受到相关语言和社会发展规律的制约，具有鲜明的时代特征。这具体表现在两个方面：一是不符合时代精神的谦辞都适时地退出了历史舞台，保留下来的谦辞都能在变化与磨合中变通性地适应时代要求，并被打上时代的烙印。二是随着时代的发展，新的元素会及时地补充进来，从而使谦辞的内涵和外延日益丰富和多样化②。

以汉语为例，刘宏丽在《明清敬谦语研究》中就引用《颜氏家训·风操》（北齐·颜之推）和《宾退录》（南宋·赵与时）的古文本，具体阐述了中文的谦辞"家"是如何从汉代开始，历经隋朝再到南宋的整个历史演变过程。其研究发现：在《颜氏家训》里，"家"作为汉代以来的常见自谦用语，其表示自谦的用法到隋朝时已不合时宜，被颜之推斥为"田里猖人"。而到了南宋时，"家"的自谦用法又随着复古遗风而重新流行起来，并一直延续到近代③。

如果说语言作为表意符号或文字系统，会表现出一定的民族文化特征和时代历史印记，属于共有特性的话，那么指代性和方向性就可以说是谦辞具备的一些具体特性和专属特征。

所谓指代性，一般是指谦辞在语义方面可以指代不同的对象或内容。例如，谦辞可以用来指人，如"小民""贱内""家

---

①　许余龙. 对比语言学概论[M]. 上海：上海外语教育出版社，1992.

②　刘宏丽. 现代汉语敬谦辞[M]. 北京：北京语言文化大学出版社，2001.

③　刘宏丽. 明清敬谦语研究[M]. 北京：中国社会科学出版社，2010.

父"等；也可以用于指物，如"浅见""寒衣""草舍"等；还可以指行为，如"拜别""叩首""敢问"等。因此，在汉语中，我们也可以根据谦辞所指代对象的不同而进行相应的分类。如"老夫""老朽""老汉""老身"等一般是老人或资深人士的谦称；"犬子""小女""愚子""拙女"等一般是指自己的晚辈和子女等。"愚见""拙见""鄙见"等一般是指个人看法或观点；而"粗茶淡饭""布衣素食""清汤寡水"则用于饮食生活方面的谦称等。

所谓方向性，则是指谦辞在语用方面往往会根据表达含义的不同而突出强调使用主体和客体的差异。例如，刘宏丽（2010）就认为：谦辞在使用上的指向性首先表现为内外方向性，其次表现为上下方向性。内外方向性是谦敬辞的普遍特性，而上下方向性则仅为部分谦辞所特有。

比如，汉语谦辞，一般都具有内向性，即这一部分的谦辞使用的主语大多是第一人称。除了我们刚刚提到的"犬子""敢问"等，此外还有"老僧""拙作""恭候""附骥""厕身"以及"敬肩"等，都属于内向性谦辞，只能用于己方或与自己有关的人、物和行为。但也有另外一种情况，如"错爱""过奖""过誉""见笑""见教"等，一般都具有外向性，即使用这些谦辞的主语一般都不能直接是第一人称。所以，谦辞的内向性或外向性特征并不是唯一的，它是与某个谦辞的具体语义色彩和特殊语用环境联系在一起的。

除了上面所说的内外方向性，谦辞还具有上下方向性。这里的上下方向性至少可以有两种理解：一种是指人际关系，即社会等级、辈分、资历等方面的上下级别。如"臣""妾"等都隐射有一定的上下级别或特定的人际关系。另一种便往往与某种动作、行为具有一定的联系,这种上下方向性通常指的是动作行为的运动轨迹或者是动作行为的施动、受动对象。需要指出的是,这里的动作行为可以是真实的,也可以是虚设的或者假想的。例如,杨莉(2008)就以"伏惟""伏增""伏承""伏愿""渴仰""愧仰"等词为例,指出汉语可以通过某些行为、动作方面的方向性隐射来产生谦逊的意义。类似的还有"呈""窃""垂""沐""蒙""赐""奉""荷""劳""拜"等。[①]

所谓相对性,指的是谦辞的语义相对性,即每个谦辞的内涵和外延可能会随着语言环境的不同而相对有所变动。由于谦辞指代的意义或对象常常都是和具体语言环境密切相关,所以,不同谦辞的意义不是绝对固定、一成不变的。同时,在具体选择使用不同的谦辞时往往还要依据不同的语言环境、不同的交流对象而有所差别,即谦辞的具体选择在语用方面也有相对可变性。例如,常敬宇(1999)就以中国人对父母的称谓为例,指出父母的称谓词又可以分为面称和背称两种[②]。即所谓的日常生活中面对面的称呼和在与非当事人交流时用的背后称呼。

以上,关于谦辞定义和特征的分析,无不告诉我们谦辞结构、语义和语用研究的重要性,为我们后面的具体论述提供借鉴和参考。接下来,就让我们来具体分析一下汉语谦辞及其对应的英语翻译文本中可能存在的不同的谦辞形式和内容。

---

① 杨莉. 敦煌书仪《问疾书》的语言表现[J]. 青海民族学院学报,2009.

② 常敬宇. 也谈称父母的谦词问题[J]. 汉语学习,1999.

2.3 汉语谦辞与英语敬语

2.3.1 汉语谦辞

中文交流过程中，汉语谦辞可以依据不同的场合而在用语方面稍有差异。从传统上说，谦虚就意味着以自贬的方式来表示对对方和他人的尊重。所以，在古代汉语中，有些词或短语就会被频繁使用，形成自谦称谓。如"鄙夫""鄙陋""鄙老""鄙贱"等。在诸多称呼词前通过添加一个表示卑贱的"鄙"字，用来表示自谦。此外，也有部分自谦称谓是供专人在专门场合使用的，如"寡人""哀家""老朽""山人"等，多见于职业、头衔和官职等。另外，还有一些是专用于谦指和自己有关的家人或亲友的，如"贱内""劣徒""舍下"等。

这些谦辞的翻译相对比较固定，多可以通过以下三种途径予以处理：一是找出对应的英语匹配词汇来替代。二是使用"谦辞语素+中心词"的方式新造词汇或结构。三是无法兼顾直译和意译时，忽略相应谦辞的修饰意义，对自谦的色彩不予处理。

然而，谦辞的结构组成远非如此简单明了，其翻译研究往往也要比上面所提及的这些要复杂得多。如前所述，本书中所研究的谦辞并不仅仅是指礼貌问候语或自谦称谓词，而是指所有"人们向听众、观众或者可能存在的相关第三方表示谦卑、礼貌或敬意的文字语言"，所以，深入分析汉语谦辞的结构和组成是进一步探讨谦辞英译的重要前提和基础。

具体而言，广义上的谦辞不仅包括前文所提到的自谦称呼语或习惯意义上的谦辞修饰语等，更应该包括那些在语义方面不一定含有自谦意思，但在具体语境中却表达有自谦意义的短语和一些特殊句子。

例2-1

◇A：你的工作做得很好。

◇B：不，不，您过讲了，我的工作还有许多不足。

◇A：您受累了，辛苦了！

◇B：哪里，我不累，这还算不了什么。

◇A：今天饭菜不好，请多包涵。

◇B：这是哪里话！

◇A：你很美，很漂亮！

◇B：哦？我哪有你好看！

◇A：你的字写得真不错哦！

◇B：没什么，一般般。

从以上例子中不难看出，现代汉语中的谦辞无论是在语义、语法抑或是语言形式等方面都与以往有很多不同，古代汉语的谦辞相对稳定固化，而现代汉语则显得比较自由随意。事实上，不少学者的语言和翻译研究都主要集中在对古汉语的探索上；而针对现代汉语的研究却很少，有关谦辞之类特定文化词的研究就更少。而现代汉语中的谦辞不仅表达的语义日渐丰富，在语言形式方面也相对自由，所包含的信息内容也逐渐扩大。因此，平衡古代汉语和现代汉语的语言研究就显得十分必要。

当然，任何有关自谦称谓的研究论述或者是翻译研究，尽管其中的观点论述可能还不太系统成熟，但都是谦辞研究的重要内容组成，是进一步分析的重要基础。

2.3.2 英语敬语

一般地，人们认为英语中并不像汉语那样，存在有所谓的谦辞现象。根据许余龙的观点，英语一般没有专门的致谦义位，只能借助于短语来进行自谦意思的表达①。顾曰国也认为，所有的汉语谦辞都可以被看作"最有中国文化特色的礼貌现象"②，也就是说，汉语谦辞类似于英语中的礼貌语言现象。由于英语中很难找到与汉语所谓的"谦辞"完全对应的说法，所以，英语中的谦辞研究比较匮乏。

那么，就"谦辞"一词来说，如何才能在英语中找到对应的称呼或者术语，进而进行有针对性的比较研究和文献分析呢？从现有文献资料来看，涉及这一话题的内容还不多，诸多西方研究探讨的几乎都是所谓的敬语，即"honorific speech"（honorifics），而作为和"尊人"这一问题不可分割的另外一面，自谦性的语言——"谦辞"（humilifics）的提出还未被纳入主流，未被广泛接受。即使有一些谦辞方面的论述，也多是被概括性的敬语或礼貌语所替代。

因此，在英语中，所谓的谦辞往往并不如我们在汉语中所见的那般，常常反映在一些固定用于表述谦卑含义的词素或者语素上。在英语中，更多的情况下，自谦意思的表达是常常通

---

① 许余龙. 对比语言学概论[M]. 上海：上海外语教育出版社，1992.

② 顾曰国. 礼貌、语用与文化[A]. 束定芳，编. 中国语用学研究论文精选[C]. 上海：上海外语教育出版社，2001.

过上下文中的一些短语或句子来实现的。也就是说，英文往往更重视的是语用学角度的意义运用，而在语义学方面则缺少如汉语那般常见和直接的固定性结构。

比如，在特定语境中，客人会说"I am honored to be here…"（我很荣幸能来参加……）而不说"I am glad to be here…"（我很高兴能来参加……）或者"I am happy to be here…"（我很高兴能来参加……）。前者明显比后者多了一番谦卑的含义，也很符合英语的交际礼仪，属于我们所说的广义上的谦辞。

当然，在英语中，尽管大家提到的不多，确实还是存在一些用于表达自我谦卑意思的词素或是词组。虽然这样的语言形式很难被发现，但它们的确存在。这其中，诸如"your humble friend"（"拙友"）和"your faithful servant"（"您忠实的仆人""老奴"）等就是比较典型的例子。

同样，在诸如书信、电邮等实用文体中，我们可能会经常看到像"sincerely""yours sincerely"或者"sincerely yours"这样比较正式的用语和词汇。但我们也会看到有人会写成下面这样谦卑的语言形式，如"I am, Sir, your most humble and obedient servant"。在这一句中，短语"humble and obedient servant"无论是从语义学还是从语用学角度来看，都应属于谦辞的范畴。

2.4 谦辞的表达策略

根据文献研究，我们发现谦辞的表达是可以通过特定语言策略来实现的。比如，自我谦卑策略、自我否定策略和夸赞他人的策略等。在吸收Leech（1964）礼貌原则理论的基础上，顾曰国先生曾经着重论述了汉语表达的"贬己尊人"准则（self-denigration and other-elevation），并将其作为汉语礼貌所应遵循的第一准则[①]。下面我们就分别来看看所谓的"自我谦卑""自我否定""尊颂他人"这三种不同策略的具体运用。

2.4.1 自我谦让

首先，"自我谦让"策略，或说"自我谦卑""自我贬损"；即顾曰国先生所言的"当在谈论与自己有关的事务时所惯常使用的谦卑态度或行为"；通常也是自谦表达的首要策略。例如：

> **例2-2**
>
> ◇鄙人（Literally：my humble self），拙文（Literally：my awkward article）；
> ◇寒舍（Literally：my humble house），拙夫（Literally：my stupid husband）。

上文提到的"鄙""拙""寒"等字词，是汉语中——尤其是古汉语中——自我贬低策略的具体应用。它们的出现往往并不意在表达与自己有关的人员（或自己）、文章或者房舍的品行、质量、本质等有什么问题、缺陷或者瑕疵；而恰恰相反，是意在衬托对方的人品、文章或者房舍等品质优良。这些语言的使用是为了显示或者出于对对方和他人的尊重和褒扬。

然而，必须指出的是，并不是所有通过自我谦卑或者自我

---

① 顾曰国. 礼貌、语用与文化[A]. 束定芳编. 中国语用学研究论文精选[C]. 上海：上海外语教育出版社，2001.

贬抑策略来表达的谦辞都是出于礼貌或礼节性的尊重。有些谦辞的表达则可能源于更深层次的社会等级和语言规范，是社会地位分化或者是阶层（阶级）区隔的反映。对他们而言，这些日常谦辞的使用是语言阶级性的自然体现（从这个意义上说，谦辞也是语言社会变体在日常交际活动中的现实反映）。这在古代汉语中体现得尤为明显。请看下面两个例子。

例2-3

◇忆**妾**唱随二十三中，蒙君错爱，百凡体恤，不以顽劣见弃。（林语堂. *Six Chapters of a Floating Life*，北京：外语教学与研究出版社，1999：170）

◇As I look back upon the twenty-three years of our married life, I know that you have loved me and been most considerate to me, in spite of my faults. （同上：171）

例2-3

◇ "I am honored by your favor," Liang replied, "If you deign to use me, command me just once to do anything, and you will see if Old Liang is not worthy of your confidence." （林语堂. *Moment in Peking*，北京：外语教学与研究出版社，2005：367）

◇老梁回说："我得夫人恩宠，真是**三生有幸**。您若降恩差遣，您就吩咐**小的**一件事，您就看得出我老梁是不是不识抬举，是不是知道感恩图报。"（张振玉，译. 京华烟云，西安：陕西师范大学出版社，2005：326）

在例2-3中，"芸"自称为"妾"是因为她的身份低下。在明代，封建社会的"三纲五常"决定了女性在家庭中始终处于从属地位，身份卑微。而在例2-4中，老梁自称"小的"，是以此来显示他与女主人莺莺（权贵阶级）之间的阶级差别。作为民国时期的一个"下人"，"小的"一词的使用显示了说话者和听话人之间明显的身份差别。所以，从表面来看，"妾"和"小的"一词都用于表达说话者对他人的敬重。事实上，根据阶级社会的严格等级限制，这种语言表达方式不仅是语言文化的自谦特征的要求，更是等级分明的阶级社会的礼俗要求，具有特定的社会属性和阶级属性。

2.4.2 自我否定

其次，在日常交流实践中，对个人价值或重要性的"自我否定"也常常作为自谦策略而被频繁使用。比较典型的有经常在生活中提到的否定或反问词语，如"不对""没有""岂敢"等。下面，再来看两段例句，仔细分析一下古代汉语和现代汉语中自我否定策略的具体应用。

例2-5

◇妾若有生机一线，**断不敢惊君听闻。**

◇（林语堂. *Six Chapters of a Floating Life*，北京：外语教学与研究出版社，1999：172）

◇If there were the slightest ray of hope, I would not have told you all these things.（同上：173）

例2-5是古文文本，作为明朝的一名乡野女子，"芸"是不

敢随意说自己丈夫的一些不吉利的话的，因为这会被看作对丈夫（男主人）的大不敬。这也是她所说的"断不敢惊君听闻"的意思所在。在这里，中国式的"断不敢"一词说的是自己之所以冒着世俗不容的风险"惊君听闻"是有原因的，也就是说她擅作主张冒昧打扰丈夫是事出有因，进而予以解释，期待得到丈夫的理解和宽恕。

例2-6

◇ "Sit down." said Mannia.

◇ "I am not worthy," replied Snow Blossom, "You must pardon my rudeness. You have come to our place and I have not even offered you a cup of tea."（林语堂. *Moment in Peking*，北京：外语教学与研究出版社，2005：103）

◇曼娘说："请坐。"

◇雪花回答说："**不敢当。我粗笨**，您多包涵。您到这儿来，我还没给您倒碗茶。"（张振玉，译. 京华烟云，西安：陕西师范大学出版社，2005：90）

例2-6中，雪花也接连使用了两个否定性和贬抑性的词语"不敢当"和"我粗笨"，来表达自我否定和贬损之意，旨在显示对曼娘的尊重。这也可被视作一种典型的自谦策略，符合当时的社会规范，尤其是符合当时的中国语言文化规范。

2.4.3 尊颂他人

最后，"尊颂他人"也可作为一种自谦策略而得以应用。

"尊他"通常指的是对他人价值或表现的肯定、赞扬、褒奖和美化等。实质上，"尊他"往往和自谦策略中的"自贬"或"自谦"原则结合在一起，综合使用，这就是前面提到的谦辞和敬语对立统一的具体体现。

例2-7

◇Lifu was embarrassed, and his mother said, "We are common people but Vice-Director Fu has been unusually kind to us, mother and children."（林语堂. 京华烟云，北京：外语教学与研究出版社，2005：155）

◇立夫有点儿局促不安。她母亲说："我们母子**平平无奇**，可是傅大人太**抬爱**了。"

例2-7中，当傅大人高度赞扬立夫，说他很聪慧的时候，立夫的母亲选择了"尊他"策略作为回应。当然，她说的"我们母子平平无奇"应该属于自我谦逊的意思表达，属于贬抑之意。但她在随后提到的"可是傅大人太抬爱了"——这句话就应属于赞颂他人；是"尊他"原则在言语上的一种具体表现。如果我们联系上下文，就会发现：这不仅是对傅大人赞扬儿子的一种谢意，更可能包含了立夫母亲对傅大人长期以来给予她们母子支持和帮助的一种感激之情。

当然，自谦策略的具体应用也不是一成不变的，"自我贬损""自我否定"和"尊颂他人"策略一般都是可以相互转换甚至互相替代的。在不同的语境下，谦辞的形式和用法虽然可能存在差异，但其语用意义和实质目的实则一致，这也为后面的翻译研究和方法运用提供借鉴。如上面的例2-7，如果换个说法，如"我们担待不起"，则无疑就变成是"自我否定"策略的具体应用了，相较原文本，结构形式虽有差异，但意义基本没变。

第3章 谦辞的语言学分析

任何研究都是建立在前人成果和一定的文献分析基础之上的，谦辞的研究也不例外。尽管到目前为止，已经发现的相关文献资料还很少，学术成果也还不够丰富。但充分的收集和适当的归类还是很有裨益的。

从现有的相关文献来看，国内外仅有的部分研究成果主要都还是侧重于对汉（源语言）英（目标语言）语言文化差异的描述性分析或局限于对汉语称谓词表达方式的探讨。多数的相关资料都属于专题性质，基本关注于某一语言结构或篇章文本，综合分析不足，也不够深入、系统。研究的话题主要集中在汉语称谓语、单个谦敬语的研究和语言交际原则的研究等方面，而真正讨论谦辞的比照和翻译研究的内容则十分稀少和松散（详见本书附录1：有关谦辞研究的部分学术论文与著作）。

根据刘宏丽（2010）的观点，在英语等西方语言及文化中，专用于反映自谦文化、传递"卑己尊人"情感的敬谦语言是不完备的。因此，英语往往只能借助于少量的礼貌称谓形式来执行类似的功能①。或许正因为如此，西方学者有关谦辞的研究也没有形成太多的学术成果。而在国内，有关汉语的

---

① 刘宏丽.明清敬谦语研究[M].北京：中国社会科学出版社，2010.

称谓语、敬谦词等与谦辞有关的研究则取得了一定成绩，这为我们进行汉英谦辞的对比分析带来一些启示和助益。这其中就包括：

专著方面：洪成玉编著的《谦词敬词婉词词典》（2002）；刘宏丽编著的《现代汉语敬谦辞》（2001）和《明清敬谦语研究》（2010）以及李小平编著的《从〈世说新语〉看魏晋六朝的谦敬称谓》（2006）等。

论文方面：王金芳（2000）的《论古代谦让词的特点与分类》；惠敏（2001）的《英汉敬谦语跨文化对比研究》；李玫莹（2005）的《〈三国志〉和〈世说新语〉谦敬语探索》；闻莉（2007）《中英礼貌语言的对比研究》；赵光（2007）的《现代汉语敬辞、谦辞、客气词语研究》；李清花（2008）《自谦策略跨文化对比研究》；徐萱春（2008）的《〈史记〉中的人称代词》；吴会娟（2008）的《中古汉语谦敬称谓研究》和张小妍（2009）的《〈儒林外史〉杨宪益译本中敬谦语翻译的研究》等。

3.1 谦辞的界定

3.1.1 谦辞的语义界定

刘宏丽（2010）在《明清敬谦语研究》一书中突出了敬谦语的鉴定准则和敬谦语特点的归纳；并把体态敬谦语和书写格式敬谦语作为两类无声敬谦语纳入敬谦语体系，对它们分别进行了探讨。根据她的分析，谦和敬是一体两面的。首先，它们具有目的上的一致性。敬中含有谦，谦中也有敬，人们在表达自谦时往往通过所谓的"抑己"进而充分地"扬他"。其次，谦辞和尊敬语密不可分，很多时候它们同体共存、相依相生；并在多数情况下相转又相承、相反又相通、相逆又相向，彼此融合，难解难分。

洪成玉先生（2002）也说，"谦词和敬词名义上两者的界限一般是清晰的，但是由于用谦词是为了表示对人尊敬，用敬词是为了表示自己谦卑，有时候两者的界限也容易相混。"[①] 同时洪成玉还进一步说明了谦辞和敬语容易混淆的两大主要原因：其一，有些敬词，含有双向的意思，从字面上看不出谦卑或尊敬的色彩，如"屈""辱""枉""曲"等；其二，有些谦辞和敬语往往融合在同一个字或词中，如"下"和"老"等，在字面上就含有双向的意义。

所以，刘宏丽（2010）又进一步阐述道：谦也是敬，敬也是谦，谦中有敬，敬中有谦，相互之间难以切割。于是就出现了敬谦辞、敬谦词、敬谦语这样的合称。同时，她主张我们的研究对象应当定义为广义语言和言语视野下的表达谦己敬人、抑己扬人态度的语言形式和语用手段的总和。

桂徐贵（2008）也主张谦辞的有关分析应至少涵盖语义学和语用学这两个方面。他曾明确地将谦辞的定义延伸到短语和句子的范畴，而不仅仅是局限于先前所广为关注的词和语素[②]。同时，刘宏丽（2010）也倡导说，"真正的谦词研究应该既包括含有敬谦基义或陪义的基本固定的有声语汇（语素、词、短语、小句），也包括语用中的有声敬谦形式和手段（或俗约性的，或临时性的），还包括无声语言中的体态敬谦语和书面形

---

① 洪成玉. 谦词敬词婉词词典[M]. 北京：商务印书馆，2002.

② 桂徐贵. 汉英自谦语对比研究与翻译[D]. 上海：上海外国语大学，2008.

式敬谦语。”

从这个意义上说，我们的谦辞研究对象不仅应包括已经固化的专用于表达谦卑语义的字或语素，如“某”“小”“家”“妾”等；还应包括含有谦辞义的词，如“伫闻”“借重”“告罪”“杖履”“侍弟”等；乃至短语，如“一孔之见”“抛砖引玉”“滥竽充数”“班门弄斧”“沧海一粟”“孤陋寡闻”“蓬草生辉”“目不识丁”等；甚至还应包括一些只在语用方面表达自谦含义的简单句、复合句、句群、段落、篇章等。

例3–1

……何涛答道：“小人是济州府缉捕使臣何观察的便是。”宋江忙道：**“贱眼不识观皇，少罪!”**[①]

例3-1使用了明显的自谦词语，用于表示谦卑的意思。“贱”“少”等字就是含有谦虚含义的固化语素。通过各语素组合成词或短语，进而构成一个完整的句子甚至段落、语篇等，以表达谦已或尊人的意思。

3.1.2　谦辞的语用界定

但多数时候，仅仅光凭语义来界定谦辞还是不够的，往往有时候得借助于语用分析的手段。在谦辞的界定标准方面，刘宏丽（2010）就曾具体提出了有效识别有声谦语的四准则：语素准则、义素准则、俗约准则和语境准则。其中，语素准则和义素准则是谦辞在语义层面进行鉴别的基础，俗约准则对其构

---

① 施耐庵，罗贯中. 水浒传[M]. 人民文学出版社，2006.

成有效补充，语境准则是在语用层面对谦辞进行有效鉴别的重要手段。

> **例3-2**
>
> "我明日家去和妈妈说了，只怕燕窝我们家里还有，与你送**几两**。每日叫丫头们就熬了，又**便宜，又不惊师动众**的。"
>
> 黛玉忙笑道："东西是小，难得你多情如此。"
>
> 宝钗道："**这有什么放在嘴里的！** 只愁我人人跟前**失于应候**罢了……"①

在上面这段对话中，诸如"几两""便宜"等几个简单的词语原本并不包含自谦的语义，或者说这些语句的本意并不必然表示谦虚的内涵。但在实际对话当中，我们完全可以通过林黛玉和薛宝钗的交流感受到说话人的自谦语气和语意。实际上，语用中的谦辞表达可能千姿百态，不守成规。甚至会使用比喻、委婉、夸张、借代等多种修辞手法，使得原本含有普通语义的字、词、句在特定语境中展现出自谦的含义。例3-2就是具体运用了夸张手法来实现谦辞义的表达。薛宝钗话语中吐露出这样的意思：她的燕窝并不是什么稀罕值钱的东西，因此，拿一些出来，并非难事，也非大事。这些表面看来平常无奇的话中实际上蕴含了谦虚客套的成分。同样地，在林黛玉夸赞薛宝钗"多情"（意即情感丰富，同情怜悯他人）之后，宝钗所说的"这有什么放在嘴里的！"也是一例比较典型的汉语

---

① 曹雪芹. 红楼梦[M]. 北京：人民文学出版社，1982.

谦辞句。翻译成现代汉语，大约就是"这没什么，这压根儿就不值得一提"。

下面再来看一段英文文字。

例3-3

"Why haven't you had everything prepared instead of leaving it until this minute?" scolded Mrs. Tseng. She knew that the guests had arrived earlier than was expected, so that it was not the servant's fault; but she said this to show the greater respect to the guests.（林语堂. 京华烟云，北京：外语教学与研究出版社，2005：86）

很显然，这是一段由普通字词而不是自谦称谓词语组成的语段。但在说话者的特殊组合之后，却能较好地实现说话者的自谦策略。在例3-3当中，自谦的意思表达不是通过单个的字、词或者短语的形式出现，而是通过上下文的语言结构和语义组合表现出来的。在特定的语境中，我们可以明显地感受到语用学层面的自谦意义表示。曾太太表面上是在责怪自己的用人工作失误，但实质上这是一种旨在向客人表达谦虚和自责的语言策略。她说的"Why haven't you had everything prepared instead of leaving it until this minute?"这句话就可以被看作一句自谦的话，它在特殊的语境（上下文和交流背景）中暗示着这样一层含义：这是她的用人工作失误，准备不足，以致怠慢了客人，招待不太周全。

3.2　谦辞的词法分析

如前所述，从语言学的角度来看，谦辞可以被分成语素、字、词、短语和句子等形式。而且，在通常情况下，也以语素、词和短语的形式出现为多，这在中、日、韩等东方语言中体现得尤为明显；而这也正是人们特别注重其词法分析的重要原因。

在汉语中，尤其是古代汉语中，不难发现，有多种表达人称的代词以语素或单个文字的形式出现，也就是大家谈得比较多的称谓词（语）。如表示第一人称的"余""仆""妄""妾"等；以及以词组或短语的形式出现的，如"在下""小的""学生""小人"等。

其中，表达自谦的词组又可以从组合的角度再分为合成词和专有名词等。如"小女""小舍""小婿""小人""小生""小徒""小顽""小弟""小妹""小侄"①和"朕""孤""老衲""贫僧"等。这其中，第一组词组是由基本语素"小"（用于表达自谦、谦卑之意）和表示身份的中心语素或词素如"生"和"弟"等组合而成，以指代确切的人和物（准确地说，应该是人物的身份或人物间的相互关系）。这就如同英语中的不同词根加不同词缀以形成新的合成词的形式。在后一组字词中，所有的谦辞都可以被看作专有名词和词组或者专用代词和词组的形式。在长期的语言发展过程中，它们已经固化下来，专用于特定人物或事物，形式和意义都比较单一。

因此可见，基于词法的语言研究对于分析谦辞具有重要意

---

① 刘恭懋.古代礼貌语言[M].贵州人民出版社，2001.

义，同时它也是进行相关研究的一个重要手段。一般地，谦辞的词法研究应至少包括对词的构成、组合、分类以及词形变化和词性标注研究等。

3.2.1 谦辞的构成和组合

在谦辞的构成和组合方面，吴会娟（2008）就曾通过对中古时期汉语谦敬称谓的分析研究，详细阐述了中文自谦称谓的概貌、特点、产生原因和发展演变的一般规律等。具体地，双语素词语的迅猛发展是中古时期谦敬称谓的一个显著特点。同时这些自谦词语在构词方式方面以偏正式为主，附加式次之，其他方式则非常少见。如：

偏正式的自谦称谓主要有：

形容词+身份。如贫道、贱民、小郎、贱妾、小妾、鄙老、愚臣、鄙生、小子、贱子、下官、微臣、小人、大家等。

附加式的自谦称谓主要有：

家+亲属称谓。如家兄、家君、家舅、家嫂等。

另外，还有联合式，如鄙陋、愚鄙等。

而根据吴会娟（2008）的观察，这一时期的古代汉语中还出现了一些构词能力极强的表谦语素等。一些表示谦卑的形容词，如"愚""鄙""家"等已经具有很强的构词能力，基本成为谦敬称谓的词缀或准词缀，可以与亲属称谓、职官称谓和身份名词结合，从而产生大量的双语素自谦称谓词。

3.2.2 谦辞的分类

在谦辞的分类方面，马丽（2005）在《〈三国志〉称谓词研究》中就主要对汉语的称谓词按社会称谓系统、帝王诸侯称谓系统、年龄称谓系统和情感称谓系统等几方面进行了区分研究，着重探讨了其产生方式和词形的演变机制。

李玫莹（2005）在其《〈三国志〉和〈世说新语〉谦敬语探索》的论述中，将其所谓的"谦语"区分为称谓谦语、贬损谦语和行为恭让谦语；并分别给予举例说明。如：

常见的称谓谦语有：孤、寡人、臣、臣子、臣下、臣妾、仆、仆夫、寡妇人、吾妇人、予小子、我小子、小臣、老臣、野生、素书生、匹夫、小人、寡君、下臣、老夫、鄙郡等。

常见的贬损谦语有：愚浅才劣、愚计、愚见、愚蔽、下愚、愚滞、愚惑不达、软弱不胜其任、不明、不敏、不德、昧于大道、不才（弱才）、鸳怯功微、犬马之命、狗马之微功、犬马之诚心、吵吵之身、寡德、寡见、老寡、孤微、尸禄素餐等。

而常见的行为恭让谦语有：忝、垂、伏、窃、狠、乞、求、辱、蒙、试、谦让、揖让、礼让、让、诚惶诚恐、伏惭惶惶、死罪死罪、辞、敢、顿首顿首、瞻望、跪伏、拜、跪、顿首、稽首、叩首、脱帽稽首等。

刘宏丽（2010）也对谦辞进行了称谓性敬谦语和非称谓性敬谦语的划分，并从语汇层面和语用手段层面对其进行了"拟亲属敬谦称谓"与"泛亲属称谓手段"的分类；还附带从语言发展的角度将明清敬谦语与现代汉语敬谦语进行了历时的比较研究和分析。

3.2.3　谦辞的词形

在谦辞的词形变化方面，李玫莹（2005）通过比较《三国志》和《世说新语》中的敬谦语，发现汉语谦敬语在很大程度上具有继承性与稳定性；且汉语谦辞作为一种典型的文化现象，其继承性表现突出。从量的关系上看，汉语谦辞在相当大的比例上使用了差不多完全相同的词语形式来表达相似的自谦意思。即《三国志》和《世说新语》中的大多数谦敬语在词义和构造方式上基本继承于《左传》中的相应字和词语。

同时，李玫莹（2005）也发现，汉语谦辞在词形变化方面还具有一个渐变的过程，并在这一过程中产生了不少的新生谦词。这主要体现在：谦辞素构词能力增强；贬斥性谦辞构词灵活；单语素谦语向双语素转化；自我否定谦辞的出现，如"不才""不敏""软弱不胜其位"，以及新词的应用和旧词的消亡等。

3.2.4　谦辞的词性

在谦辞的词性研究方面，李冬香（2003）在《古汉语谦敬称谓词类的词性探讨》一文中，通过全面考察发现古汉语谦敬称谓词的语法功能、语义演变、代替作用等都与名词基本相同。因此，该文主张将古汉语的自谦性称谓词都划归为名词。李玫莹（2005）则通过比较《三国志》和《世说新语》中的谦敬词语，着重考证了自谦性副词的特点和形成原因等。从词性上说，《三国志》和《世说新语》中的谦敬语以名词性词语占多数，分别达52.50%和51.46%。而名词性谦辞中又以称谓性谦辞占较大多数，接近四分之一。在副词方面，则有尊、敬、恭、谨、肃、蒙、惠、泰、狠、辱、伏、窃、垂、叨、敢、礼、试17个，虽然基本包括了整个古汉语的常见自谦副词，但所占的相对比例却最小。

3.3 谦辞的语义研究

吴会娟（2008）通过对仆、妾、小人等16个汉语自谦称谓在中古时代语义演变的历史考证，发现其中承袭上古语义和用法的有3个，分别是仆、妾、小人，占比约19%；沿袭上古但指称对象或表谦程度发生变化的有5个，分别是弟子、寡人、微（臣）、小子、愚，约占31%；新生表谦称谓和表谦用法的有8个，即鄙、民、某、奴、老子（夫）、贫道、下官、（下）走，占比50%。这说明在汉语的演变过程中，谦辞的发展变化较大，新生词汇或新生语言表达结构较多。这在从古汉语向现代汉语的演变过程中表现得更为突出。

在古汉语中，王力认为："所谓新创词语，严格说来，是不存在的。一切新词都有它的历史继承性；所谓新词，实际上无非是旧词的转化、组合，或者向其他语言的借词，等等。"[①] 在古汉语研究方面，吴会娟（2008）认为中古时期谦辞的语义衍变主要有词义引申、词义借代和语法转化三种形式。

3.3.1 词义引申

其中词义引申，按照吴会娟的观点，就包括古汉语中的表谦称谓。它们多是由上古奴隶名称或百姓称谓发展而来的。原因是上古时期奴隶或百姓地位低下，身份卑贱，因而在词义的发展过程中逐渐成为表谦称谓，隐含自己地位低贱，是供役使之人。如上面提到的"奴、妾、臣、民、仆"等就是比较典型的例子。

---

① 王力. 汉语史稿[M]. 中华书局，2004.

3.3.2 词义借代

词义借代，是指存在着某种特殊关系的词类之间借此代彼，从而派生出新的词义。中古时期有一部分谦敬称谓是由上古的谓词性词语（多为形容词）发展而来的，即借表示特征的词，指代该特征从属的人，如"鄙、愚、走"等。比如，"愚"隐含自己寡闻无知。需要指出的是，中古汉语中由谓词性成分转指而成的称谓词，其形式并不稳定。"走"这个动词最初作为谦称，应当是运用借代的方式指代供奔走驱使之人，转而引申为表谦的自称，《昭明文选·张衡〈东京赋〉》："走虽不敏，庶斯达矣。"之后这种临时功能的使用渐渐广泛，因而"走"便有了固定的表示谦称的用法。为了表示更谦卑，于是就有了"下走""牛马走"等比较新颖的词汇表达。

3.3.3 语法转化

语法转化是指由语法性成分与词汇性成分共同组合转化成词，其特点是具有类推性。从词汇衍生的效率来说，是相对快速、便捷的方式。如，语法转化主要体现在足下、毂下、麾下、殿下等称谓词结构的固定转化上。

3.4 谦辞的语用研究

在语用学研究方面，国内外学者也就英语一般遵循的礼貌原则和汉语的常用自谦策略做了一定的探讨和分析。这其中最有影响力的是布朗（Brown）和列文森（P. Levinson）（1978，1987）的面子保全理论（face-saving theory）、杰弗里·N. 利奇

（Geoffrey N. Leech，1983）的礼貌准则（polite principle）和顾曰国（1990）的礼貌原则等。

在英语等西方语言及文化中，诚如刘宏丽（2010）所言，专用于表达谦让含义的自谦词汇是不系统、不完整的[①]。一般地，在英语中，人们只能借助于少量的礼貌称谓形式来执行类似的功能。因此，西方学者有关特定固化的自谦词语研究是十分罕见的，但在对谦辞的上位概念——礼貌语言的研究则相对丰富一些，所以取得的学术成果也就相对多一些。

3.4.1　布朗、列文森：面子保全理论

王国凤（2009）认为，布朗（Brown）和列文森（P. Levinson）的面子保全理论是迄今为止最有影响力的一项礼貌准则理论。根据这一理论，作为具有两种特殊品质——面子和理性——的"典型人"（model person），为满足面子需求经常会采取的各式各样的理性行为，就是礼貌行为。而自谦就是实现礼貌的有效途径之一。其目的就是通过自谦策略给会话参与各方留点面子。

按照布朗和列文森的主张，面子分成消极面子（negative face）和积极面子（positive face）。消极面子是指希望自己享有一定的自由，不受别人的干涉、阻碍或者侵犯，即希望得到别人一定意义上的尊重和理解等；而积极面子一般指的是希望自己的言行、思想等得到别人的肯定、赞扬或者喜欢，即得到别人的恭维和赞赏等。但在现实交流过程中，不少言语行为往往是威胁面子的。要么威胁说话人的面子，要么威胁听话

---

① 刘宏丽. 明清敬谦语研究[M]. 北京：中国社会科学出版社，2010.

人的面子，而所谓的讲礼貌就是为了消除或者至少是减轻某些交际行为给对方或相关第三方带来的面子威胁。根据威胁双方面子的不同程度，布朗和列文森（1978，1987）认为，可将相应的礼貌语言分为：直言不讳式（bold on record）、积极礼貌式（positive politeness）、消极礼貌式（negative politeness）、非公开方式（off-record politeness）和不威胁面子的形式（non-FTA）五种。而其具体的语言运用策略就包括：寻求一致、避免不和、表明伙伴关系、谦卑、道歉、表达敬意、说话迂回、模棱两可、尊重对方、暗示、夸张、暗喻、反语、低调陈述等。

何兆熊教授（2000）曾经也对此做过比较具体的分析，如他在相关论述中就曾以《红楼梦》中元妃省亲一段作为例子进行说明[①]。

例3-4

贾政向元妃含泪启道："臣草芥寒门，鸠群鸦属之中，岂意得征凤鸾之瑞。今贵人上锡天恩，下昭祖德，此皆山川日月之精奇，祖宗之远德，钟于一人，幸及政夫妇。且今上体天地生物之大德，垂古今未有之旷恩，虽肝脑涂地，臣子岂能报效于万一！惟朝乾夕惕，忠于厥职。**伏**愿圣君万岁千秋，乃天下苍生之福也。贵妃切勿以政夫妇**残年**为念。更祈白加珍爱，惟勤慎肃恭以侍上，**庶**不负上**眷顾隆恩**也。"

---

① 何兆熊. 新编语用学概要[M]. 上海：上海外语教育出版社，2000.

在这段话中，贾政虽然贵为元春（元妃）的父亲，与对话人实为父女关系，按理应是长辈。但在封建社会中，由于等级森严，皇族处于金字塔的顶端，因此，元春的权势和级别相对就特别大。贾政就不得不以"臣""庶"等谦称自居，而称元妃为"贵人""贵妃"，还夸张地使用诸如"草芥寒门""鸠群鸦属""肝脑涂地"等种种谦词和"凤鸾之瑞""上锡天恩，下昭祖德"等种种敬语表示谦卑之意，凸显封建社会"上下有别"的阶级差异。

3.4.2 杰弗里·N. 利奇：礼貌准则

杰弗里·N. 利奇（Geoffrey N. Leech）于1983年首次提出语言交际中应遵循"礼貌准则"，旨在对前人的相关学术观点做出新的补充。杰弗里·N. 利奇（1983）指出，"从消极的角度看，礼貌原则的本质是'不要得罪别人'。"即避免发生人际冲突，避免不和谐。"从积极的角度看，礼貌原则的本质是'相信别人'。"[1] 这实质上是人们对社会和他人的认同，旨在寻求建立融洽和谐的社会关系。所以，相比而言，杰弗里·N. 利奇的礼貌原则的出发点似乎更符合中国传统社会的情况。

杰弗里·N. 利奇（1983）主要从对话双方的"惠"和"损"，以及表达方式的直接和间接性来规范礼貌准则，主要含有六个次准则，即策略准则（tact maxim）、宽宏准则（generosity maxim）、赞扬准则（approbation maxim）、谦虚准则（modesty maxim）、一致准则（agreement maxim）和同情准则（sympathy maxim）。其中，所谓的谦虚准则一般包括

---

[1] G. Leech. *Principles of Pragmatics* [M]. London：Longman，1983.

①最小限度地赞誉自己。②最大限度地贬低自己。

3.4.3 顾曰国：礼貌原则

在国内方面，比较著名的有顾曰国先生（1992）提出的礼貌五原则。顾曰国在《礼貌、语用与文化》（1992）一文中立足于中国文化，回顾了礼貌概念在汉文化中的历史起源，根据汉文化中德、言、行的礼貌要求，总结出符合中国文化传统的五大礼貌原则。

在中式五大礼貌原则中，最有特色的当属"卑己尊人"的原则。顾曰国（1992）认为"自贬而尊人"是中国式礼貌的一大突出特征。一般地，在中文里，当称呼自己或与自己相关的事物时，要"贬"、要"谦"；而称呼对方或与对方相关的事物时，要"抬"、要"尊"。

中国式的谦虚是"自贬"和"自谦"，谦虚与否是判断一个人是否礼貌的重要准则。在《红楼梦》中，诸如"鄙人""寒舍"等自称词和"令郎""贵府"等他称词的大量使用，充分体现了这一准则。甚至，这一语言现象也深刻地影响到儒家文化圈，在包括中、日、韩等主要国家的东方文化中，人们一般会优先遵循谦虚准则。

以汉语文本为例，比如，在《红楼梦》第十七、十八回中，贾政要试试宝玉的功课进展如何，命他随同到大观园和众清客一起题匾。有这么一段：

例3-5

> 贾政听了，便回头命宝玉拟来。宝玉道："尝闻古人有云：'编新不如述旧，刻古终胜雕今。'况此处并非主山正景，原无可题之处，不过是探景一进步耳。莫若直书'曲径通幽处'这句旧诗在上，倒还大方气派。"众人听了，都赞道："是极！二世兄天分高，才情远，不似我们读腐了书的。"贾政笑道："**不可谬讲！**他年小，**不过以一充十用，取笑罢了。**再俟选拟。"

　　宝玉此论，可谓中肯。所拟匾额，明显高于众清客之上。贾政因为"自幼于花鸟山水题咏上就平平""如今上了年纪，且案牍劳烦，于这怡情悦性文章上更生疏了"，同时，他又深知宝玉年纪虽小，"所论所题自有一番别人所不及之风流"，所以才带了宝玉。另外，也是为了让元春在省亲时看到宝玉的进步而高兴。作为一名读书多年之人，虽然资质平平，但贾政的欣赏能力并不弱，但是他让众人不可随便夸宝玉，把宝玉的金玉良言贬作"取笑"之言。此处，贾政拥有较高权势，清客只不过是一群依附在贾府的读书人而已，要靠着吹捧贾府讨生活。但在这种情况下，贾政还是把"谦虚准则"放到了首要位置，虽然有以免宝玉骄傲的意思在里面，但也可见中国传统文化中谦虚的重要地位。倘若是身处英美文化，要是有人夸奖自己的孩子，通常会先谢谢对方夸奖，然后把自己的孩子也略加肯定一番。再比如，在第四十回中，王熙凤赠送刘姥姥一些财物，刘姥姥道："不敢多破费了。已经叨扰了几天，又拿着走，越发心里不安了。"王熙凤虽然一贯泼辣强悍，但是依然遵循中国人的传统礼貌准则，尽力贬低自己的破费，道："也没什么，不过随便的东西。"

当然，在"卑己尊人"的准则之外，顾曰国（1992）还强调了其他准则的适用情况。如：

称呼准则。指的是要用适当的称呼语主动跟对方打招呼。

文雅准则。指的是要选用雅语，禁用秽语；多用委婉语，少用直言。

求同准则。指的是对听话者和说话者双方面子的维护，即说话者和听众在诸多方面力求和谐一致，尽量满足对方的想法和需要。

德、言、行准则。指的是在行为动机上尽量减少他人付出的代价，尽量增大对他人的益处；在言辞上，尽量夸大别人给自己的好处，尽量缩小自己付出的代价等。

以上，除了顾曰国（1992）提出的礼貌五原则外，研究谦辞语用的还有徐盛桓（1992）、何自然和陈新仁（2004）以及索振羽（2007）等，他们都从不同的角度具体论述了谦辞在不同语境下的运用问题。所有这些学术成果都为进一步进行与汉英谦辞有关的对比分析以及语言学和翻译学研究奠定了良好的基础。

第4章 谦辞与翻译

有关谦辞的翻译研究，首先要关注的是翻译的可能性和可及性问题，这是进行相关翻译研究的首要问题。其次，才是谦辞的翻译方法和翻译效果的评估问题。

4.1 谦辞的可译性问题

如前所述，谦辞是负载一定文化内涵和思想内容的特色语言，针对文化负载词和特定文化语言的跨文化交流研究，离不开对其可译性问题的分析和探讨。

作为一个著名的学者和翻译理论家，奈达（Nida，2004）是一位语言共性论的支持者和主张者。他认为各种语言具有同等的表达能力，可以用一种语言表达的东西一定能用另一种语言进行表达，他把语言差异当作一种异质同构现象，而不是当作语言之间不可逾越的鸿沟[①]。

纽马克也认为跨文化的语言翻译不仅是完全可能的，而且是完全可行的。这位著名的语言学家和翻译理论家，就曾多次在相关论述中反复强调语言的可译性问题。他在 *Approaches*

---

① 蔡平. 文化翻译研究[D]. 湖南师范大学博士学位论文，2008.

to Translation（《翻译问题探讨》，2001）和A Text book of Translation（《翻译教程》，2001）中就曾提出："一切内容都是可译的，没有任何例外（Everything without exception is translatable）。"在《论翻译》一文中，他又再次提到了不同层次语义的可及性和可译性问题："在这里，我应该指出，一切含义都可以被传达，因此，明确地说，一切内容都可以被翻译（Here I should state that every variety of meaning can be transferred，and therefore，unequivocally，that everything can be translated）。"①

也就是说，根据奈达和纽马克的观点，对诸如谦辞这样的文化负载语言进行等效或者有效翻译是完全可能的，其语义的跨文化传递也是可行的。这些重要论断对我们的谦辞翻译研究和语言对比分析具有重要指导意义和借鉴价值，也是本书进行谦辞分析和探讨的重要假设和前提。

4.2　西方的语言翻译理论

既然谦辞是可译的，那么接下来就来讨论一下该如何进行翻译以及翻译的效果评估问题。提到谦辞的翻译方法和效果评估，就不得不谈谈奈达的文化翻译主张和功能对等理论，以及纽马克的语义翻译法和文本类型理论等。

4.2.1　奈达的文化翻译主张

作为当代美国的一位著名翻译理论家，奈达（2004）曾经

① Newmark，Peter. About Translation [M]. Multilingual Matters Ltd. 1991.

比较深入地阐述了文化与翻译的关系问题。他认为，要做好翻译工作，对相关文化的理解和掌握要比对语言本身的理解和掌握更为重要。语言只有出现在特定语境中才具有特殊的意义，译者如果不仔细考察语言的文化背景就难以准确领会其中的意思。

奈达也是翻译理论界较早提出"文化翻译"（cultural translation）这一概念的人，同时，他将"文化翻译"与"语言翻译"（linguistic translation）作为不同的概念进行了区分。奈达（2004）认为，在翻译时，为达到目标语言与源语言的"动态对等"（dynamic equivalence）或者"功能对等"（functional equivalence），译者应该进行必要的"文化调节"（cultural adjustment）[①]，以便实现翻译文本在目标语言环境中的类似效果和功能。

奈达（2004）指出，翻译是指在译语中运用从语义到语体最贴近而又最自然的对等形式来再现源语言的内容和信息。同时，他还认为，和其他所有交际活动一样，翻译的首要功能是传递信息，即以最终接收的信息的质和量来具体评判翻译的效果。他认为好的翻译应该能让译文的读者"产生与源语读者基本相同的反应"（Nida，2004）。

4.2.2　功能对等理论

因此，在基于"等效原则"和力图实现翻译的交际功能的基础上，奈达提出了动态对等或功能对等的翻译理念。所谓动态对等，就是指"译文接受者和译文信息之间的关系，应该与

[①]　蔡平. 文化翻译研究[D]. 湖南师范大学博士学位论文，2008.

原文接受者与原文信息之间的关系基本相同"。它的目的就在于突出强调翻译表达的自然性与可接受性。

很显然，奈达的动态（功能）对等理论对于谦辞翻译的效果评估具有很高的借鉴价值。在具体进行翻译效果的评估时，功能对等理论主张使用目标语言"复制出与原语信息最贴近的自然对等，首先是意义对等，其次是文体对等，译文的接受者对译文的反应应该与原文接受者对原文的反应基本相同"[①]。

当然，奈达以及纽马克等众多翻译理论家也曾多次指出：绝对的等值翻译是不可能的。作为评价译文质量高低的标准，所谓的等值或等效翻译只能是相对的。这是因为，在语言的翻译过程中，文化信息的损失在所难免。译文是否能够取得成功很大程度上取决于翻译过程中译者如何处理语言中的文化个性。而要想在谦辞的翻译过程中取得好的效果，关键还在于如何从语用角度将文化损失减小到最低限度。在奈达的论述中，文化负载词具有相对的可译性，而只有选择和运用了合适的翻译方法，才可能实现所谓的等值效应。

但需要指出的是，奈达的动态（功能）对等理论所探讨的等效翻译或等值翻译概念绝不只是停留在语义层面上的，事实上，它更加突出了对语言翻译过程中可能存在的语用因素的考量。奈达主张的动态对等的着眼点主要是译文在目标群体当中的接受效果，是一种语用对等。由于语言文化的差异，要做到动态对等则必然要对译文形式进行一定的处理，这就要求译者对源语的词法、词汇以及文化等方面进行必要的调整，使译文

---

① Nida，Eugene A. *Toward A Science of Translating* [M]. Shanghai：Foreign Lang- uage Education Press，2004.

更符合目标语的表达习惯，达到最贴近的自然表达，适应目标语读者的理解需要。

在翻译实践方面，功能对等理论不仅强调了译者理解和把握原文意义和精神的重要性，同时也说明了"形式对等"的重要性。一般认为，功能对等理论主张译文不必拘泥于原文的语言和结构，重点在于信息内容，即信息对应大于形式对应。这是因为在很多情况下，为了达到动态对等，在翻译时要不可避免地进行形式的调整。但奈达并没有因此就否定形式的重要作用。他认为"功能对等"并不仅仅是信息上的对等，还要尽量实现"形式对等"。当功能和形式发生冲突时，要尽量突出意义，而放弃形式，以达到有效交际的目的。然而，当形式特征在译文读者语言中要必须予以保留的时候，"形式对等"的重要性也就凸显出来了①。

4.2.3 语义翻译法

为解决翻译实践中可能碰到的种种问题，另一位著名的翻译学家纽马克则针对不同的文本类型提出了使用不同方法的翻译理论，并具体阐述了语义翻译法和交际翻译法的理论主张。奈达就曾对纽马克的这些理论和方法给予高度评价，并赞扬其在翻译研究与实践领域中的重要贡献和突出成就。具体地，纽马克教授的语义翻译法和交际翻译法的主要观点，如图4-1所示。

---

① 李莉. 从文化等值看文化负载词的翻译[D]. 河北大学硕士学位论文，2010.

SL Emphasis	TL Emphasis[①]
word-for-word translation	adaptation
literal translation	free translation
faithful translation	idiomatic translation
semantic translation	communicative translation

（Newmark，2001：45）

图4-1 纽马克的语义翻译法和交际翻译法

从图4-1中可以发现，通过语义翻译——尤其是语义翻译中的直译手法——完成的作品在形式和内容上是最接近源语言的原始内容和结构的。在谈到文化特色语的翻译方法时，纽马克说："Literal translation can throw some light on the relation between one language and another, and one language and its antecedents."[②] 同时，纽马克认为由于那种字对字的翻译通常是一种死板的翻译手法，所以一般只能用于名称的翻译（如部分谦语称谓词的翻译等）。而忠实翻译和自由翻译又过于强调目标语言的流利和得体，多数情况下就不得不删减原文的意境和韵味，从而散失了原文的部分语用意义。因此，纽马克主张依据不同的文体和内容运用差别化的手法进行翻译。

4.2.4 文本类型理论

为了更好地论述自己的多样化翻译理论，纽马克在总结和

---

① Newmark. *A Textbook of Translation* [M]. 上海：上海外语教育出版社，2001.

② Newmark. *Approaches to Translation* [M]. 上海：上海外语教育出版社，2001.

吸收前人成果的基础上，还提出了著名的文本类型理论，并把这种文本类型理论系统地运用到具体的翻译实践中。一般地，他认为，语言文本应至少可以被划分为以下三大类型[①]。

（1）表达型文本（expressive text）

主要涉及一些具有文学价值、语言特色和作者个人风格的文本内容。具体包括：严肃的文学作品，如诗歌、小说、戏剧等；权威性言论，如国家政治人物的政治演说或文件、各种法规和法律文献以及由公认权威撰写的科学、哲学和学术著作等；另外可能还包括自传、散文和私人信函等。

（2）信息型文本（representational text）

主要涉及一些意在向读者如实准确地传递信息的文本。具体包括：报章杂志、新闻报道、教材、技术报告、论文、备忘录、会议记录和产品说明等。信息型文本一般突出信息的"真实性"和"准确性"，强调内容而不过于计较形式。

（3）呼唤型文本（vocative text）

主要涉及一些不仅旨在向读者提供信息，更期望或者要求读者能够根据它所提供的信息和内容而采取具体行动的文本。具体包括：广告、通告、法律制度、规章合同、流行文学、宣传手册等。呼唤型文本一般强调以读者为中心，主要是号召读者能按照作者的意图来做出行动、思考和其他必要的反应等。

针对不同的文本类型，纽马克还进一步指出了与之相适应的不同翻译策略和方法。如表达型文本通常以作者的个性和内容的多样性为特征，宜遵循"语义翻译"（semantic

---

[①] Newmark. *Approaches to Translation* [M]. 上海：上海外语教育出版社，2001.

translation）的手法以更好地保留和再现作者的"个人色彩"（personal components）和作品的异域文化特征；而信息型文本的主旨则在于传递信息、知识、意见等事实，其文本重心通常是文本的内容和主题（content and topic），因此译者应该相信读者的理解能力，尽量遵循"忠实"的翻译原则，尽可能不对原文做过多的修改；呼唤型文本则把重心更多地放在了读者的反应上，其语言不仅要求准确，而且要能使读者乐于接受。所以，为了实现文本的呼唤功能，译者有权也应该对原文进行必要的处理，比如增加、删减、编辑和再加工等。纽马克还指出，以"读者"（readership）为核心的呼唤型文本，宜采用"交际翻译"（communicative translation）的方法，而以内容为核心的信息型文本则通常介于表达型文本和呼唤型文本之间①。

所谓的"语义翻译"，按照纽马克的说法就是意在"尽可能地使用贴近源语言的语义和句法结构将原文的语境意义准确地表达出来"（Attempts to render, as closely as the semantic and syntactic structures of the second language allow, the exact contextual meaning of the original）（Newmark，2001）。而所谓的"交际翻译"，则是突出信息内容的重要性，强调目标语言和源语言在功能上的对应而非形式上的对应，重点在于相关语言在目标群体内的反映；属于一种归化处理方式。用纽马克的话说，就是旨在"让译文读者产生尽可能接近于原文读者所获得的印象"（attempts to produce on its reader an effect as close as possible to that obtained on the readers of the original.）

---

① Newmark. *A Textbook of Translation* [M]. 上海：上海外语教育出版社，2001.

（Newmark，2001）。

同时，纽马克在《翻译问题探讨》一书中对文本类型和翻译策略做了更为细致和严密的说明和分析，如表4-1所示。

表4-1　纽马克文本类型理论的主要内容及其主张的翻译策略[①]

文本类型	表达型文本	信息型文本	呼唤型文本
典型例子	文学、权威性文章、私人信件、散文等	报章杂志、科技报道、教材、论文等	广告、通告、法律规章、流行文学等
文本风格	个人风格	中立、客观	富有说服力或带有祈使语气
文本重点	源语言	目标语言	目标语言
文本中心	作者（第一人称）	情景（第二人称）	读者（第三人称）
翻译方法	语义翻译（直译）	交际翻译（等效翻译）	交际翻译（等效创造）
翻译单位	小（最大词组、最小词）	中（最大句子、最小词组）	大（最大文章、最小段落）
语言特色	多修辞	多事实	具说服力
意义遗失	大	小	依文化差异而定
新词新义	若是源语，必译	不允许出现（特殊情况除外）	允许（正式文本除外）
关键词（保留）	风格标记	主旨词	象征性词语
反常修辞	复制	达意	再创造
译文较于原文长度	大致相等	稍长	无定则

---

① 黎昌抱. 王佐良翻译风格研究[D]. 上海外国语大学博士学位论文，2008.

从表4-1中不难发现，纽马克对不同文本内容的翻译工作做了非常细致具体的分类研究。他将目标语言和源语言文本从各个不同的角度进行了广泛比照，大到翻译风格、翻译方法、语言特色的处理；小到翻译单位、意义遗失、修辞手法、文字长短乃至新词新义和关键词的保留问题等都一一做了精确分析和详细说明。这对研究人员从事相关的翻译研究和实践工作具有积极意义，同时也拓宽了视野，对进行汉英谦辞的相关讨论具有重要的促进作用和参考价值。

然而，必须指出的是，纽马克所倡导的文本类型的区分并不是绝对的，它们之间的区别往往是相对的。即所谓的表达型文本、信息型文本和呼唤型文本之间的区分并不必然是以某种体裁或类别的文本形式为依据的。如报章杂志、技术报告、论文等一般意义上的信息型文本只要属于权威性言论，也可以归属为表达型文本。类似地，某些呼唤型文本纯属为了表述作者的个人感情，或读者背景模糊时也可归属于表达型文本①。真正判断文本类型的依据往往应更多地参考作者的语言风格和写作意图等。

很显然，纽马克的文本类型理论和不同文本类型适用不同翻译方法的主张，对研究人员进行谦辞的翻译研究具有极大的启发。依据纽马克的观点，可以认为谦辞的文本应当以小说、戏剧和影视脚本为主，一般隶属于表达型文本。这是因为所谓的谦辞语言往往属于日常交际的范围，尤其常见于日常生活的对话当中。所以，纽马克的理论也提醒研究人员在进行文本选

---

① 黎昌抱. 王佐良翻译风格研究[D]. 上海外国语大学博士学位论文，2008.

择和样本分析时，宜以表达型文本为主，信息型文本为辅。而在进行相关的谦辞翻译时，也应该以"语义翻译"等直译手法为主，"交际翻译"等意译手法为辅。

4.3　林语堂的翻译理论与实践

为了更好地了解本研究的主要内容，并进而对其有更为直观的认识和评估，适当介绍一下林语堂先生的翻译作品及其学术贡献就显得十分必要。林语堂的一生充满传奇，他曾成功地将中国古典名著翻译成英文，并通过个人的丰富作品将中国文化传递到西方世界。从而在东西方文化的交流融合过程中起到桥梁纽带的作用。这也是笔者利用其著作进行相关研究的部分原因。因为像他这样一位深谙东西方文化精髓、享受不同文明浸润、身处语言变革时代的代表性人物，其海量的成功作品无疑是进行案例研究的合适之选。

4.3.1　林语堂生平简介

林语堂先生作为一位学贯中西的学者和翻译家，其在中西方文化交流以及汉英翻译理论和翻译实践领域所取得的辉煌成就，对今天的翻译研究工作具有十分重要的意义和价值。本研究经过多方面的综合考量，选取了林语堂先生的两部主要作品《京华烟云》和《浮生六记》作为直接的案例研究文本。所选的这两部作品，一部是现代版的英文小说，一部是历史文记的汉英翻译，两部作品均饮誉全球，具有深入而广泛的语言和文化影响力，具有典型的代表性。

林语堂（1895—1976），福建龙溪人，中国著名的文人、学者、作家和翻译家。因其在东西方文化的交流领域所做出的巨大贡献而在学术界享有盛名。林语堂先生不仅是国内的学术泰斗，在海外也影响深远。作为一名学者和语言学家，他以毕生的精力来践行自己的人生理想："One seeks the ancients and moderns; Two legs straddle in the cultures of East and West（两脚踏中西文化，一心评宇宙文章）。"[1]

林语堂原名林和乐，兄弟四人，排行老七。在他出生后的早年时期，家庭中浓郁的基督教氛围对其后来的生活和治学影响很大。林语堂的父亲林志诚是位神父，思想较为开放，对西方的语言文化持开明态度。所以，林语堂早年得以进入教会学校接受西式教育，从小就受到英语文化的重要影响。

1916年，林语堂从上海的圣约翰大学毕业，并在北京清华学院（堂）供职。在那里，他对中国文化的浓厚感情被慢慢唤醒，清华校园里浓浓的华语文化氛围使他很快意识到教会教育的不足。从1919年到1923年，林语堂分别在美国哈佛大学和德国莱比锡大学继续深造，并在莱比锡大学获得哲学博士，旋即回国。回国后，林语堂在北京大学开始担任英文教授。在此期间，林语堂开始了文学创作，陆续为鲁迅主编的《语丝》等杂志撰写稿件。"林语堂"便是他在此期间所用的笔名，并逐渐被人们广为接受。"林和乐"这一真名反倒逐渐为人们所淡忘。

1926年，林语堂因对北京军阀的尖锐批评而被政府当局列入黑名单，被迫与其他几十位学者一起出走北京城。随后，他返回福建老家——厦门。在此期间，林语堂曾受邀加入武汉国民政府外交部。后又离职，并选择从事编辑工作。20世纪30年

---

① 林太乙. 林语堂传[M]. 北京：中国戏剧出版社，1994.

代，林语堂开始陆续出版一些中文译著，如萧伯纳的《皮格马利翁》便属于这个时期的作品。同时，林语堂也开始从事汉语作品的英译工作，具有代表性的就有英文版的《浮生六记》——*Six Chapters of a Floating Life*。这是一篇明朝文人沈复的手稿，林语堂将其以中英对照的形式在上海出版，随即在国内引起了广泛关注。

之后不久，1935年左右，林语堂在朋友赛珍珠——一位美籍旅华作家——的鼓励下，于美国出版了英文著作 *My Country and My People*（译作《吾国与吾民》，又译作《中国人》），取得了巨大成功。该著作的问世可以被看作林语堂人生的重要分水岭，它奠定了林语堂作为一位横跨中西两种不同文化的学者地位。

1936年，在《吾国与吾民》获得成功之后，林语堂接受赛珍珠的邀请，举家前往美国，从此开始了他长达30年的海外生活。在美生活期间，也是林语堂从事英语写作和汉英翻译的重要时期。除《吾国与吾民》先后再版6次外，他的另一本英文著作 *The Importance of Living*（《生活的艺术》）也饱受好评，曾荣登全美最畅销书籍排行榜榜首，并保持这一纪录长达52周。然而，真正确立林语堂文学领袖地位的，是其英文小说 *Moment in Peking*（《京华烟云》）。这部在20世纪40年代出版的英文著作获得了海内外的一致认可，林语堂也因其获得了诺贝尔文学奖的提名。

4.3.2　林语堂的翻译理论与实践

作为一名横跨中西文化的著名学者和作家，林语堂对不同文化背景下的语言交流有着不同的理解和看法。他先后从不同的专业视角探索语言翻译和跨文化交际。因此，他的诸多学术观点和翻译实践也为谦辞研究带来了重要启示。

早在20世纪20年代，林语堂先生将其有关翻译的一系列想法和思考结集出版，为丰富我国的翻译理论做出了一定贡献。在他的《论翻译》一文中，林语堂比较系统地阐述了他的翻译主张，并引起了广泛影响。在这篇文章中，林语堂系统地论述了翻译的本质、翻译的原理和翻译的步骤和评判标准等。

林语堂不仅为翻译理论的发展做出了巨大贡献，同时也在翻译实践方面取得了丰硕成果。他不仅主张翻译的美学功能和心理效应，还亲身践行，以毕生精力致力于中国文化的英译传播。通过梳理，后人发现林语堂一生先后出版了50多部作品，涵盖散文、小说、传记等多种文学体裁。但必须要承认的是：相对于其英文写作的成就而言，林语堂先生的翻译作品影响要小一点。

和众多其他同时代的学者一样，林语堂首先将视野投向西方世界，甚至希望依照西方的价值观和社会理念来重塑中国语言和文化。由于他的基督教信仰和西式教育背景，林语堂前期的主要精力都倾注在英语作品的汉译工作中。从1936年开始，林语堂游学归来，对汉英文化的跨语际交流有了比较直观的经历，并逐渐明晰了自己的人生定位和努力方向。随后，他将自己的翻译工作重点从英汉翻译转为汉英翻译。他开始尝试将一些中国古典名著介绍到国外，并在西方国家产生了热烈反响。虽然也有学者认为这些作品可以看作林语堂先生的个人英文著述，但事实上，大多数作品还是可以看作一些中国经典著作的翻译文本，如《庄子》《论语》和老子的《道德经》等。

这里提到的所有著作都是林语堂本人在翻译领域的具体实

践，也可以看作他个人翻译理论的实际运用。由此可见，林语堂先生一生致力于翻译理论的探索和实践工作。更重要的是，他还孜孜不倦地致力于实现中国社会和西方世界的平等交流和良性互动。而这一点，也是笔者选择林语堂作品作为语料库进行汉英谦辞的对比研究和翻译探索的重要原因之一。

4.3.3 林语堂的翻译成就

作为学者和作家，事实上，林语堂在世界文坛能够有一席之地主要归功于其英语著述。1935年，林语堂一偿夙愿，根据自己在中国的所见所感完成了 *My Country and My People*（《吾国与吾民》）一书。这是第一部在海外出版、反映中国人的国民性的著作。随后，他的第二部作品 *The Importance of Living*（《生活的艺术》）也在美国出版。这又是一部民族创作，包含了中国人的生活智慧和知识沉淀，从中可以看到林语堂对中西方文化的深入思考。

随后，到了1940年，林语堂出版了他的另外一部巅峰之作：*Moment in Peking*（《京华烟云》）。不同于其他作品的富有知识性和解说性，*Moment in Peking* 这部小说突出了林语堂作品的描述性和建设性。为了较好地呈现《红楼梦》这部中国古典名著，林语堂曾决定亲自写一本含有类似内容的英文版小说。当他准备写作的时候，正值日本发动侵华战争，整个东亚正处于战火的硝烟之中，因此，林语堂改变了想法。他转而寻求描述一幅中国大陆正在发生的当代历史案卷。他设法以较多的笔触去描述这个古老的国家所发生的一切。正是在这样的历史条件下，林语堂创作了 *Moment in Peking*——这部衍生于《红楼梦》又决然不同于《红楼梦》的优秀小说。事实上，林语堂在创作*Moment in Peking*的初期就打算模仿《红楼梦》的小说情节，所以从某种程度上说，*Moment in Peking*从其产生之初就带有汉英翻译的影子。

从以下例子当中，就更容易能够看出一些端倪。比如，在小说人物的取名方面，两本作品具有高度相似之处，诸如Redjade（红玉）和Daiyu（黛玉）、Sister Cassia（桂姐）和Xifeng（凤姐）等。从中文看来，他们的昵称极为相似，而且在小说的故事情节当中，他们之间也有着类似的人物性格和相仿的生活经历。事实上，严格来说，不仅*Moment in Peking*可以被看作中文小说的变相翻译版本。林语堂先生的其他作品，如*My Country and My People*和*The Importance of Living*也可以在某种程度上被看作林语堂先生的翻译作品。因此，任何对林语堂先生作品的研究都不可以忽视对其翻译思想和翻译实践的研究。

第5章 谦辞的翻译：
研究方法

5.1 文本选择和语料收集

5.1.1 案例分析

从学术角度来看，谦辞具有较高的研究价值，可以通过多种角度予以探讨分析，而针对谦辞的汉英或英汉翻译也是如此。因此，在本书中，首先面临的是文本的选择和语言资料的收集问题。

案例分析可以被看作对一个复杂问题进行深度分析的理想手段（"Case study is an ideal methodology when a holistic, in-depth investigation is needed.——Feagin, Orum, & Sjoberg, 1991"[①]）。在本书中，笔者将应用案例分析手法，选择合适的文本和具体的语言实例进行谦辞的对比分析。具体来说，整体的研究过程将主要集中在对林语堂先生的相关作品进行案例分析和对比研究的基础上。根据Winston Tellis的观点，案例研究

---

① 引自 http：//www.nova.edu/ssss/QR/QR3-3/tellis2.html. *Application of a Case Study Methodology* by Winston Tellis. *The Qualitative Report*，Volume 3，Number 3，September，1997。

涉及对单个案例或对象的长期观察（Case study involves an in-depth, longitudinal examination of a single instance or event.[①]）。在本研究中，林语堂先生本人的学术成就和他在英文写作和英文翻译方面取得的巨大成功，是笔者对其作品展开分析的重要前提。正因如此，笔者才将其作为中英谦辞对比分析和翻译研究的典型案例。

首先，笔者筛选了大多数林语堂先生的文学和学术作品，作为进一步研究的基本素材。如前所述，林语堂先生的作品不仅涵盖中英文翻译，其内容还涉及古代汉语和现代汉语的不同应用。同时，林语堂生活和创作的时代正值白话文起步发展的重要阶段，是古代汉语向现代汉语过渡的重要时期，因此，其作品中涉及谦辞的具体实例将是笔者进行相关研究的重要语料来源。

5.1.2　样本分析

当然，在研究中选取语料的过程还必然涉及样本分析的问题。这是因为，林语堂先生的作品涵盖范围十分广泛，其包含的类别、信息和内容都非常丰富。因此，在现有的文本基础上，如何找到合适的谦辞实例便成了一个亟待解决的现实问题。

样本分析，尽管并不能代替整体性的综合研究，但可以作为抽样研究的一种有效手段，以作补充。由于一般的案例通常不具备足够的信息内容，所以，常常需要挑选一些经典个案，以期能够反映更多的有价值的信息和内容（Since an average case is often not the richest in information, some extreme cases

---

① 引自 http://en.wikipedia.org/wiki/Case_study。

reveal more information about the studying content.①)。为了找到并选取部分经典范例以满足研究需要，往往需要以信息内容为导向，进行有目的的抽样分析，而不是随机抽取样本（In order to select a few most typical and specific cases for a case study, researchers often use information-oriented sampling, as opposed to random sampling.② ）。因此，在本书中，笔者有目的地选取了近现代小说、散文等表达型文本，从语用学的视角进行样本研究。

首先，在进行相关研究.之前，笔者先后收集了林语堂先生的47部作品，其中包括7部英汉翻译作品、6部汉英翻译作品以及34部其他作品。接下来，笔者把林语堂先生所有有影响力的作品按照不同的文学体裁进行了整体分类，具体细分为小说、散文、现代作品和古典作品以及中文作品和英文作品等（详见本书附录2：林语堂先生主要作品）。

其次，在分门别类的基础上，笔者找出林语堂先生的两本重要作品作为当前的谦辞分析文本。这两本书，其中一部属于现代英文小说，而另一部是中国古典散文的汉英翻译作品。具体的选择就是：（1）*Moment in Peking*（外语教学与研究出版社，2005）。（2）《浮生六记》双语版（外语教学与研究出版社，1999）。

而为了研究的需要，笔者还选择了张振玉先生的中文版译

---

① 　引自 http：//en.wikipedia.org/wiki/Case_study。

② 　引自 http：//en.wikipedia.org/wiki/. Bent Flyvbjerg, "Five Misunderstandings About Case Study Research." *Qualitative Inquiry*, vol. 12, no. 2, April 2006，pp. 219-245。

作《京华烟云》（陕西师范大学出版社，2005）作为*Moment in Peking*的重要比照对象。之所以选择张振玉先生的这本译作，是因为它不仅获得了林语堂先生的高度肯定，被视作其个人作品思想内容的忠实再现；更是因为它有利于笔者进行同时期的中英语言对比研究，满足进行谦辞对比分析和翻译研究的现实需要。

最后，笔者依据谦辞的界定标准，从语义、语用和语言结构等多个角度对所选文本进行梳理，找出相关的谦辞表达形式分别作为古代汉语、现代汉语和英语谦辞的分析样本，以备进一步的数据分析和深入研究。

5.2 数据分析和比照研究

5.2.1 比较研究

作为一种历时性研究，比较分析往往是在两种或两种以上有密切联系的事物之间进行比照，以期找出其中的共同点和相似之处。正如吕叔湘先生所说的："一种事物的特点，要跟别的事物比较才能显出来。"[1]所以，在选定文本和谦辞样本之后，首先运用比较研究的方法对所选语料进行初步分析。许余龙博士也说：比较分析是一种基本的研究方法，可以从不同角度进行[2]。一般而言，在语言学研究中，比较分析常用来揭示同一语言的不同变体或不同发展阶段间的一些共同特征。

① 赵永新. 汉外语言文化对比与对外汉语教学[M]. 北京：北京语言文化大学出版社，1997.

② 许余龙. 对比语言学[M]. 上海：上海外语教育出版社，2002.

具体地，在本书中，比较研究首先体现在：从词法和语义学角度对古代汉语和现代汉语进行分析。具体来说就是：

1）古汉语谦辞和现代汉语谦辞之间的词性比较。

2）古汉语谦辞和现代汉语谦辞之间语素数量的比较。

5.2.2 对比研究

尽管比较分析在进行谦辞研究的过程中具有重要作用，但根据赵永新的观点，对比分析才是进行文化负载词研究的合适选择[1]。与比较分析不同的是，对比研究是一种共时研究。根据许余龙教授的看法[2]：合理应用对比研究可以发现不同语言之间的不同之处，尤其是词法和语义方面的不同点[3]。中英两种语言虽然分属距离较远的不同语系，但通过对比分析可以进行共时研究。

对比分析，也被称作对比研究（CA），一般用于相关的跨语言研究和跨文化论述[4]。汉语谦辞的原文本以及与之相对应的英语译入文本可以放在一起，对比研究可以从语言学和翻译的角度对以下问题进行探讨分析。

1）中英谦辞的词法对比。

2）中英谦辞的语用对比。

① 赵永新. 汉外语言文化对比与对外汉语教学[M]. 北京：北京语言文化大学出版社，1997.

② 许余龙. 对比语言学概论[M]. 上海：上海外语教育出版社，1992.

③ 张会森. 对比语言学问题[A]. 王福祥编. 对比语言学论文集[C]. 北京：外语教学与研究出版社，1992.

④ 屈延平. 文化对比语篇分析[M]. 北京：外语教学与研究出版社，1991.

3）中英谦辞的翻译等效性对比。

5.3 定性研究和定量分析

5.3.1 定性研究

毫无疑问，在本书中，将适度引用定性分析法，以对相关概念或语言属性做出必要的分类和界定。在对汉语谦辞展开比较分析和对比研究的过程中，一些语言现象往往涉及定性研究方法的具体应用。

首先，定性分析被应用于谦辞特征的定义、谦辞语料的选择、界定和分类等。如，中文版《浮生六记》中，全文共有约36240个汉字，约1100个句子。如此大量的语言文字需要严格依据谦辞的定义和属性特征来辨别和筛选。因此，正确的定性分析是有效开展相关研究的一个重要前提。

其次，在研究过程中，我们将具体应用定性分析以确定汉英语言中自谦策略的常见形式和一般方式。通过对这两种语言中谦辞的细节分析，笔者发现，英语中常常使用"尊他"原则；而汉语中则习惯于使用"自贬"或"自我否定"原则。在进一步观察研究之后，从语用学的角度，还可以发现中英两种语言实际上还存在着自谦概念与礼貌原则的明显差异。

最后，在讨论谦辞的翻译策略和方法时，有关林语堂作品的翻译效果需要进行一定的定性分析和评估。许余龙曾经说过："一篇好的翻译作品可以分别从形态学（词法）、语义学和语用学角度进行效果评估。"[①]因此，在探讨谦辞的汉英翻译和

---

① 许余龙. 对比语言学[M]. 上海：上海外语教育出版社，2002.

英汉回译效果时，可以分别从以上三个方面进行等效评估。而在此过程中，定性研究是必不可少的分析手段。

5.3.2　定量分析

整体来说，就运用的基本分析方法而言，笔者进行的主要是一次定量研究。所谓定量研究，就是采用数据计算和分析的方法寻求需要的资料或数据。它是科学研究的一种有效手段。①接下来的几章，将具体应用定量研究的方法来分析林语堂作品中的语料数据，以求发现谦辞运用的部分语言学规律和实现谦辞汉英翻译的有效途径等。

首先，定量分析将被用于谦辞的词法研究。将语料中出现的所有谦辞形式进行分类，并找出其中常见的词性和结构。经过数字统计后，列出一系列的动词、名词、形容词和词组，再相互进行比较和对比（详见本书第六章表6-1至表6-4），进而可以得到一些相关数据和得出结论。

其次，为了讨论汉英语言中谦辞之间可能存在的不同，也引用了定量分析的方法，从语义学的角度对它们进行了详细对比。例如，分别列表统计了不同谦辞中的语素数量，并将其相互比较。笔者发现，通常中国古汉语中的谦辞有1～4个语素；现代汉语中的谦辞则通常有2～11个语素；而一个英语谦辞表达形式中所包含的语素则往往多达10个以上。也就是说，汉语里的谦辞，尤其是中国古汉语中的谦辞具有较高的词汇化特征，而英语中谦辞的词汇化率就很低。

---

① 赵永新. 汉外语言文化对比与对外汉语教学[M]. 北京：北京语言文化大学出版社，1997.

最后，在讨论谦辞的具体翻译技法时，将运用定量分析的方法，详细研究林语堂作品中谦辞的翻译策略。笔者分别计算了相关谦辞文本中否定词的数量、贬义词的数量和特殊句子的数量，并将它们与出现的谦辞总数进行比对，由此得出的百分比情况在某种程度上暗示了中英两种语言在表达谦辞时倾向于使用不同的技法。

然而，必须要说明的是，定量研究的成功常常取决于尽可能小的样本误差和尽可能少的因变量①。本书中使用的语料和样本——也就是自变量——主要源于近现代的两部著名文学作品和它们的翻译文稿。一般地，所选的文本资料，其内容具有较高的代表性和一致性。因此，整个研究过程还是比较科学的，研究结果也是可信的。

---

① 许余龙. 定量对比研究的方法问题[A]. 王菊泉，郑立信，编. 英汉语言文化对比研究（1996—2003）[C]. 上海：上海外语教育出版社. 2004.

第6章 谦辞及其译文的
比较与对比

本章将在立足于现有语料的基础上重点进行中英文谦辞的比较与对比，以便能够发现这两种语言中谦辞表达的一些异同点。通过对比分析，分别从词法学、语义学和语用学的角度找出一些具体实例，进而揭示出在汉英两种不同语言中，谦辞表达结构在词法、语义和语用方面可能存在的一些典型特征。

6.1　词法比较与对比

一般而言，日常生活中的大多数汉语谦辞给人的感觉似乎都属于名词这一类。例如，常见的称谓词"家父""犬子""小女"等。然而，在进一步研究大量的文本资料之后，笔者发现，事实上，更为常见的谦辞应为动词或形容词，这在现代汉语中尤其如此。通过对所选用语料的分析，可以看出：从谦辞的词性方面来看，汉语尤其是现代汉语多倾向于使用动词、形容词等谓词性语言表达谦逊的含义；而英语中则多倾向于使用形容词表达该含义。

6.1.1　汉语多动词/述谓结构

中文重视动词谦辞的使用

通过词法分析，不难发现：汉语谦辞特别是现代汉语中的谦辞，分别以动词、名词和形容词居多。然而，与古代汉语相反的是，现代汉语恰恰较少使用代词来表达自谦的意思。尤其是带有专用色彩的自谦代词和称谓词。而在古代汉语中，这一现象则较为普遍。多数像"小的""劣徒""舍弟"等带有自谦性质的称谓词经常在古典作品中出现。现代汉语中，这种语言现象已有较大变化。如今，常常出现的谦辞多数为动词或动词短语。如：

例6-1

◇曼娘说："请坐。"

◇雪花回答说："**不敢当**。我**粗笨**，您多包涵。您到这儿来，我还没给您倒碗茶。"（张振玉，译. 京华烟云，西安：陕西师范大学出版社，2005：90）

例6-2

曼娘的母亲说："我是个**不中用**的人，**又不懂**北京城的礼节。在这大喜的日子，我也**不会做**什么。什么事都是亲家公亲家母给我们母女准备的，他们两位太好了……"（同上：116）

从6-1、6-2两个例句中不难看出，诸如"不敢当"（"I dare not to be…"）、"不中用"（"to be of no use"）、"又不懂"（"do not know anything either"）、"不会做"（"to be not able to do anything"）等都是动词或动词词组。类似的例子还有"不能……比"（"cannot compare with"）、"怎么敢"（"how dare you…"）、"差遣"（"to order"）、"吩咐"（"to command"）、"感恩图报"（"to thank for what is given and to try to pay a reward"）等。

在古代汉语中，这一现象也较普遍，请看下面的例子：

例6-3

所愧少年**失学**，**稍识之无**，**不过**记其实情实事而已，若必考订其文法，是**责明于垢鉴**矣。（林语堂. *Six Chapters of a Floating Life*，北京：外语教学与研究出版社，1999：2）

例6-4

无师之作，愿得知己堪师者**敲成之耳**。（同上：6）

例6-5

蒙夫人抬举，真**蓬蒿倚玉树**也。但吾母望我奢，恐难自主耳，愿彼此缓图之。（同上：78）

例6-6

乾隆乙巳，**随侍**吾父于海宁官舍。芸于吾家书中附寄小函。（同上：126）

很显然，原文中的"失学""稍识之无""敲""倚""随侍"等都是动词及动词短语。通过上下文具体来看，这些动词和动词短语都用于表达一种谦虚的语气，属于广义上的谦辞。在汉语语言实践中，这样的动词表达结构还有不少。表6-1是对所抽样本进行分析的具体结果。

表6-1　中文谦辞的词性分类

《浮生六记》（古代汉语）		《京华烟云》（现代汉语）	
汉语谦辞关键词	词性	汉语谦辞关键词	词性
失学	动词	报还	动词
稍	副词	犬马	名词
无	动词	不敢当	动词
不过……而已……	关联/句子	粗笨	形容词
垢	形容词	简陋	形容词
无师	名词	不中用	形容词
敲	动词	不懂	动词
恐难	副词	不会	动词
稍	副词	分内的事	名词
浅，费解	形/形容词	不能	动词
得罪	动词	麻烦	动词
岂敢	名词	不能比	动词
得罪	名词	平平无奇	形容词
屈	动词	没出息	形容词
抬举	动词	是我的面子	名词
蓬蒿，倚，玉树	名/动/名词	怎么敢	动词

《浮生六记》（古代汉语）		《京华烟云》（现代汉语）	
汉语谦辞关键词	词性	汉语谦辞关键词	词性
贫	形容词	我的不是	名词
小	形容词	三生有幸	形容词
随侍	动词	恩宠	名词
余	代词	吩咐	动词
唱随	动词	不识抬举	动词
错爱	动词	感恩图报	动词
百凡体恤	动词	千恩万谢	动词
顽劣	形容词	不嫌	动词
薄命	名词	舍下	名词
不敢	动词	别听她的	句子
瞻仰，天颜	动词/名词	哪儿的话	句子
小	形容词	这算不了什么	句子
妾	代词	您说笑话儿	句子
罪	名词	不嫌	动词
一己	名词	小的	代词
未可	动词		
慢	动词		
岂望	动词		
管窥	动词		
不知	动词		

从表6-1中可知，笔者在所选的文本资料中找出了不同的谦辞表达形式。通过对比分析，将这些谦辞按照不同的词性进行了简单的词性归类。然后，根据样本中出现的不同词性的汉语谦辞的数量和比例，进行了初步的统计分析，如表6-2所示。

表6-2　不同词性的汉语谦辞的数量及所占比例

项目	《浮生六记》（汉语版）	《京华烟云》（汉语版）	合计
动词（动词词组）	18（45.0%）	14（45.2%）	32（45.1%）
名词（名词词组）	9（22.5%）	6（19.4%）	15（21.1%）
形容词（形容词词组）	7（17.5%）	6（19.4%）	13（18.3%）
代词	2（5.0%）	1（3.2%）	3（4.2%）
副词（副词词组）	3（7.5%）	0（0）	3（4.2%）
句子或句子结构	1（2.5%）	4（12.9%）	5（7.0%）
谦辞	40（100%）	31（100%）	71（100%）

注：括号内为所占比例。

表6-1和表6-2说明：

（1）总体来看，汉语谦辞中最常见的用词有动词、名词和形容词等，分别占比45.1%、21.1%和18.3%。

（2）在谦辞样本分析中，古代汉语和现代汉语中的名词性谦辞、代词性谦辞以及形容词性谦辞的实际使用频率基本相同，说明它们在汉语言发展过程中的变化不是太大，当然一些明显带有阶级特征的谦辞除外。

（3）现代汉语中（见表6-2），长句、复杂的词法结构比古代汉语中使用的频率和次数都要多；句子结构也更为复杂和多变。这是因为在现代汉语中，句法结构的使用频率明显上升。尽管整体上，在古代汉语和现代汉语中，不同词性的谦辞在使用频率的分布上没有太大的变化（部分原因可能和选择的样本有关，毕竟所选的语料文本在历史间隔上相差的时间不是太过久远）。

6.1.2　英语多形容词/偏正结构

英文侧重形容词性谦辞的使用

与中文不同，在英文写作或翻译中，大多数谦辞并非与汉语那般重视动词和动词短语的应用，而是倾向于使用形容词或形容词性的短语。

> **例6-7**
>
> For an uncultivated person like myself. I just fail to see where its beauty lies.（林语堂. *Six Chapters of a Floating Life*，北京：外语教学与研究出版社，1999：305）
>
> **例6-8**
>
> "I am a useless woman," said Mannia's mother, "and ignorant of the customs of Peking. Even at this wedding, I am not able to do a thing. Everything is done for us, mother and child, by the bridegroom's parents who have been so kind to us…"（林语堂. *Moment in Peking*，北京：外语教学与研究出版社，2005：132）

在例6-7中，形容词"uncultivated"的使用可被视作一种语义层面的谦辞表达形式。《浮生六记》的作者，作为中国明朝的一名文人，却自称为"没文化的人"，这显然是一种自我贬抑策略的应用。在例6-8中，曼娘的母亲也采用了同样的自谦策略。英文中形容词"useless""ignorant"和"not able"的使用符合一直讨论的谦辞的语言特征。

表6-3　英文谦辞的词性分类

Moment in Peking（英文版）		*Six Chapters of a Floating Life*（英文版）	
英文谦辞	词性	英文谦辞	词性
be fully requited	动词	not properly educated	动词
a dog or horse	名词	simple	形容词
serve	动词	only	副词
not worthy	形容词	tarnished	形容词
pardon	动词	afraid…difficult	形容词
rudeness	名词	something	代词
unworthy	形容词	difficult	形容词
useless	形容词	so much obliged	形容词
ignorant of	形容词	I'm sorry	句子
not able	形容词	I beg your pardon	句子
duty	名词	greatly honoured	形容词
dare not	动词	greatly honoured	形容词
bother	动词	poor	形容词
have not learned	动词	a little	形容词
common	形容词	faults	名词
unworthy	形容词	ill-fated，unworthy of	形容词

Moment in Peking（英文版）		Six Chapters of a Floating Life（英文版）	
英文谦辞	词性	英文谦辞	词性
an honour	名词	would not have	动词
dare	动词	honour of seeing his majesty	名词
fault	名词	the burden of my sins	名词
honoured	形容词	never	副词
favor	名词	rude	形容词
use	动词	what trouble	名词
command	动词	uncultivated	形容词
not worthy of	形容词	fail to see	动词

表6-4　不同词性的英语谦辞的数量及所占比例

项目	《浮生六记》（英文版）	《京华烟云》（英文版）	合计
动词（动词词组）	3（11.5%）	9（37.5%）	12（24.0%）
名词（名词词组）	5（19.2%）	6（25.0%）	11（22.0%）
形容词（形容词词组）	13（50.0%）	9（37.5%）	22（44.0%）
代词	1（3.8%）	0（0）	1（2.0%）
副词（副词词组）	2（7.7%）	0（0）	2（4.0%）
句子或句子结构	2（7.7%）	0（0）	2（4.0%）
谦辞	26（100%）	24（100%）	50（100%）

注：括号内为所占比例。

同样地，在表6-3和表6-4中，可以发现：

（1）在英文作品或翻译文本中，最常用于表达谦辞的词类是形容词、动词和名词，分别占总数的44.0%、24.0%和22.0%，即最可能被用于表达自谦含义的英语词类是形容词或形容词短语。

（2）从整体上看，在英文文本中，表达谦卑词义的名词和名词词组的使用频率几乎等同于动词和动词词组的使用频率。

6.2　语义对比

依据许余龙教授的观点：对词组和短语的研究主要包括形态学（词法）和语义分析[①]。因此，就汉英谦辞展开语义对比，无论对语言学研究还是翻译学研究都将具有一定的现实意义。如果一个语义复杂的词汇能以一个语素、字或词的形式出现，通常将其称为高度词汇化。相反，如果这个语义必须以词组或句子的形式出现，就将其称为语言的低度词汇化。词汇化的常见分析范围包括语素词、衍生词、复合词和短语（词组）等。在特定的语言文化环境中，一般地，高度词汇化的字词受关注程度会较高；相应地，低度词汇化的字词受关注程度会比较低。[②]

6.2.1　汉语显高度词汇化

汉语——高度词汇化

一般认为，中文是高度词汇化的语言。因此，讨论中英文谦辞的对比研究时，就完全有必要分析一下它们的语

① 许余龙. 对比语言学概论[M]. 上海：上海外语教育出版社，1992.

② 刘茁. 词汇化程度的英汉对比分析[J]. 深圳大学学报（人文社会科学版），2005.

义结构。如谦辞的词汇化程度就是其中的重要方面。通过比较，不难发现大多数古代汉语谦辞的词汇化程度高，如"垢""敲""稍""屈"和"倚"等；相比较而言，在现代汉语中和英语中，谦辞的词汇化程度要低得多。

表6-5　古代汉语与现代汉语谦辞语素（或词素）对比

《浮生六记》（古代汉语）			《京华烟云》（现代汉语）		
谦辞关键词	词性	语素个数	谦辞关键词	词性	语素个数
失学	动词	2	报还	动词	2
稍	副词	1	犬马	名词	2
无	动词	1	千恩万谢	动词	4
不过……而已	词组	4	不敢当	动词	3
垢	形容词	1	粗笨	形容词	2
无师	名词	2	不嫌	动词	2
敲	动词	1	舍下	名词	2
恐难	副词	2	简陋	形容词	2
稍	副词	1	哪儿的话	句子	4
浅	形容词	1	不中用	形容词	3
费解	形容词	2	不懂	动词	2
得罪	动词	2	不会	副词	2
岂敢	名词	2	别听她的	句子	4
得罪	名词	2	分内的事	名词	4
屈	动词	1	不能	动词	2
抬举	动词	2	这算不了什么	句子	6
蓬蒿倚玉树	名/动	4	不能比	动词	3

《浮生六记》（古代汉语）			《京华烟云》（现代汉语）		
谦辞关键词	词性	语素个数	谦辞关键词	词性	语素个数
贫	形容词	1	平平无奇	形容词	4
小	形容词	1	您说笑话儿	句子	5
随侍	动词	2	不嫌	动词	2
余	代词	1	没出息	形容词	3
唱随	动词	2	是我的面子	名词	5
错爱	动词	2	怎么敢	动词	3
百凡体恤	动词	4	我的不是	名词	4
顽劣	形容词	2	三生有幸	形容词	4
薄命	名词	2	恩宠	名词	2
不敢	动词	2	吩咐	动词	2
瞻仰天颜	动词	4	小的	代词	2
小	形容词	1	不识抬举	动词	4
妾	代/名	1	感恩图报	动词	4
罪	名词	1	麻烦	动词	2
一己	名词	2			
未可	动词	2			
慢	动词	1			
岂望	动词	2			
管窥	动词	2			
不知	动词	2			

从表6-5中可以看出，在古代汉语中，谦辞多为单语素词语（或称"语素词"）；而在现代汉语中，双语素词语则明显增多，如"简陋""不懂""麻烦""抬举""粗笨"和"吩咐"等。如果深入分析，不难发现汉语谦辞在历史发展过程中具有的一些明显特征。

首先，整体来说，现代汉语中使用的双语素谦辞基本或大体保留了古汉语中谦辞的特征。也就是说，目前使用的大多数双语素汉语谦辞几乎都历史性地继承了它们原先用于表达谦卑的含义。这其中，"恐难""费解""得罪""岂敢""错爱""顽劣"和"瞻仰"等就是比较突出的例子。

其次，在现代汉语中，大多数的单语素形容词、副词和动词谦辞几乎与古代汉语中的汉语谦辞表达相同的意思。同时，在语言的发展过程中，也有相当多的动词和形容词性的单语素汉语谦辞在表达谦逊的语义方面有极小的发展和变化，如"敲""稍""浅""贫""小"等。

再次，在表达谦虚的品行和实现自谦的策略时，现代汉语侧重于使用更多的句子或特殊结构，而相对较少使用单个汉字或词组，这一点与古代汉语有较大不同。正如前面所提到的，除了一些传统的名词表达结构如"拙见""浅析"和"小议"等之外，现代汉语更多地使用衍生词、合成词或短语来构成谦辞。这方面的例子有"这算不了什么""哪儿的话"或者"您说笑话儿"等。相应地，在古代汉语中，它们可以用"客气""过奖""抬爱"等表达。

最后，从整体上看，在词汇化方面，谦辞在从古代汉语到现代汉语的演变过程中，词汇化程度逐渐减低。在语义发展方面，虽然多数词组的谦辞语义得到继承和发展，但也有少部分谦辞的语义发生了变化，尤其是表示明显阶级差别的谦辞逐渐退出历史舞台，而少数古代汉语中单语素谦辞逐渐演变为现代汉语的附着语素，如"卑""贱""小"等。在语言构成方面，古代谦辞的高度词汇化的固定表达形式也逐渐为现代汉语中的自由式表述形式所代替。在语义表达方面，古代汉语谦辞倾向于语义层面的意思表达，而现代汉语则更多地依靠语用层面的意思来表达。

现代汉语中有些用于表达谦卑称谓的名词或代词（术语）已经被完全抛弃。从表6-5中不难发现，个别在古代汉语尤其是古典书面语中常用的自谦称谓词已经很少在现代汉语中出现。这样的谦辞特别是单语素名词性或代词性称谓语已被今天的普通话弃置不用，就是像"小的"和"舍下"这样的双语素词语也难寻其踪了。而在古代汉语中，它们的使用频率却非常高。例如，在沈复的《浮生六记》中，共有474个"余"字和38个"妾"字，分别用来作为文章的作者沈复和他的妻子"芸"——一个普通书生和乡下妇人的自我谦称。但在相应的现代汉语和英语中，则不再倾向于使用这样的表达形式。

6.2.2　英语显低度词汇化

与汉语谦辞比较起来，英语谦辞的词汇化程度要低得多。在英语中，如果要表达说话者的谦恭之意，常常用到的是词组甚至是一个较长的句子等语言形式。这样的句子结构通常都包含有许多语素或词素。英语谦辞的低词汇化现象可以通过下面的示例来说明。

例6-9

My only regret is that I was not properly educated in childhood; all I know is a simple language and I shall try only to record the real facts and real sentiments. （林语堂. *Six Chapters of a Floating Life*，北京：外语教学与研究出版社，1999：3）

例6-10

It all comes of your too great love, bestowed upon one who is ill-fated and unworthy of this happiness.（同上：171）

在例6-9中，"I was not properly educated in childhood"这句话是为了近似地表达现代汉语中的"知识浅陋""没识多少字"或者就可以说成"不识字"等内容。很显然，后者比英文原文无论是在语言长度抑或是语素数量上来说都要短得多、少得多。而在例6-10中，定语从句"who is ill-fated and unworthy of this happiness"所起的功能只是作为"one"的修饰语出现，翻译成中文，完全可以用比较简单的汉语字词来替代，如"不幸"或者"薄命"等。如表6-6所示，再看一下具体的中英对照。

表6-6　古代汉语谦辞和现代英语谦辞语素数量对比

语素个数	中文谦辞	英语谦辞	语素个数
2	失学	not properly educated	≥3
2	得罪	so much obliged	≥3
2	岂敢	I'm sorry's	≥4

语素个数	中文谦辞	英语谦辞	语素个数
2	得罪	I beg your pardon's	≥5
2	抬举	feel greatly honoured	≥3
4	百凡体恤	most considerate to me	≥4
2	顽劣	my faults	≥2
2	薄命	ill-fated and unworthy of this happiness	≥8
3	断不敢	would not have…	≥3
4	瞻仰天颜	had the honour of seeing his majesty	≥7
5	妄罪更重矣	increase not the burden of my sins	≥7
1	慢	being rude	≥2
2	岂望	pay me for what trouble	≥5
4	管窥所及	uncultivated person like myself	≥6
4	不知其妙	fail to see where its beauty lies	≥7

表6-7 现代汉语谦辞和现代英语谦辞语素数量对比

语素个数	英语谦辞	中文谦辞	语素个数
≥17	never to be fully requited (even if Mr. Yao) became a dog or horse in the next incarnation to serve him	（姚思安）来生变做犬马也难报还，（真是千恩万谢）	10
≥4	I am not worthy	不敢当	3
≥5	you must pardon my rudeness	我粗笨	3
≥9	if you don't think our place unworthy	您若不嫌舍下简陋	8

语素个数	英语谦辞	中文谦辞	语素个数
≥2	（and）ignorant of（the customs of Peking）	又不懂北京城的礼节	2
≥8	I am not able to do a thing	我也不会做什么	7
≥5	don't listen to her	别听她的	4
≥6	I dare not bother（Phoenix）with it	不能麻烦（凤凰姐姐）	4
≥5	（yet our boys）have not learned from them	不能（跟木兰）比	3
≥12	if you don't think me unworthy, it will be an honor to me	您若不嫌我没出息，就是我的面子	11
≥3	how dare you argue with Uncle Fu	你怎么敢跟傅伯伯争论	3

　　从表6-6和表6-7中很容易就可以发现，对于大多数古代汉语谦辞而言，其语素的数目常保持在1~4个语素的范围中（见表6-5）。而对于英语谦辞表达结构而言，其语素数少则2个，多则17个（见表6-5和表6-6）。相应地，现代汉语中谦辞的语素个数介于这两者之间。一般地，它比古代谦辞中的语素数目多而又比英语谦辞中的语素数目少。通常有2~10个不等，而这其中又以2~4个语素最为常见。这就解释了为什么在汉语谦辞中常常会看到2个语素或者4个语素的衍生词、合成词和短语；而在英语谦辞中，常常会看到长长的复合句了。

6.3　语用对比

除了以上谈到的汉英谦辞在词法和语义方面的差别外，作为典型的文化负载词，很显然，汉英语言中的谦辞表达形式在语用方面也应具有鲜明的区别。这其中突出的表现之一，就是汉英谦辞所表示的语用含义不同以及他们的实现策略也有差异。

6.3.1　汉语重自谦原则

中文的自谦原则

正如前文已经提到的，基于东方人的传统文化模式和思维方式，中国人将自谦原则看成他们社会生活中的一条重要道德标准，以及语言交流互动的重要原则之一。这与顾曰国教授提到的英语中的"礼貌原则"（"politeness maxims"[①]）明显不同。因为在英语中，所谓的礼貌原则，意思是指在英语语言交流过程中，为了取悦对方或者不冒犯对方，而常以礼貌、礼节性作为语言选择的一项主要考量，即言语方面让人觉得客气、得体，符合一定的社交礼仪等。

在中文里，中华文化与生俱来的内生性的谦虚原则，要求中国人在语言表达时需要有高度的谦卑之意。比如，在中国，传统上需要做自我介绍时，宜谦称为"余""仆""妾""妄"等。这里看来十分简单的字眼却包含了丰富的内容。而这一点与英文中的平叙表达形式截然不同。所谓的汉语"自谦原

---

① 　顾曰国. 礼貌、语用与文化[A] . 束定芳，编. 中国语用学研究论文精选[C]. 上海：上海外语教育出版社，2001.

则"一般是指汉语言中常常使用的含有自贬、自我否定或者尊视宣扬他人的语言使用规则。值得注意的是，与古汉语不同的是，随着语言的发展，在现代汉语中，这一原则或策略往往不是通过某个字词或词组直接体现出来的，而是以某种上下文或者语言结构的运用从而暗示出来的。如"不能""不会""哪儿的话""这算不了什么"等。这不仅加大了研究的难度，也拓展了分析问题的宽度和深度。即单从语义层面也许无法管窥汉英谦辞表达的全貌。这也正是还要进行谦辞的语用学分析的一个重要原因。

需要指出的是，汉语谦辞常常强调的是"自我贬抑"，也就是降低自我或者"我们"一方的身份、地位、成就等。

> **例6-11**
>
> 芸曰："妾作狗久矣，**屈**君试尝之。"（林语堂. *Six Chapters of a Floating Life*，北京：外语教学与研究出版社，1999：42）
>
> **例6-12**
>
> 可知一己之见，**未**可测其奥妙!（同上：246）
>
> **例6-13**
>
> 老梁回说："我得夫人恩宠，真是三生有幸。您若降恩差遣，您就吩咐小的一件事，您就看得出我老梁是不是**不识抬举**，是不是知道感恩图报。"（张振玉，译. 京华烟云，西安：陕西师范大学出版社，2005：326）

根据中国文化，上下文中的"妾""一己"和"小的"等字词属于带有很强的谦卑意思的文化特色词，然而，对于使用英语的西方人而言，他们是很难理解中文的意思表达的。在语言上的自我贬抑或自我否定，怎么会必然地暗示出对对方的真实性的或礼节性的道德尊重呢？在西方文化中，这两者之间根本就难有任何必然的联系。正因如此，在翻译诸如汉语谦辞这样的文化特色语时，从语言交际的有效性和翻译工作的等效性来说，还是很难做到的。随后几个章节将继续深入讨论这一话题。

6.3.2 英语重礼貌原则

英语语言交流中的礼貌原则

和汉语的自谦原则不同，在英语中相当多的所谓性谦辞通常使用的是"赞扬他人"，即"尊他"策略，或者至少是以"自我肯定"的形式出现。依据西方文化，个体或与个体有关的事物通常都要以正面的语言而不是负面或者否定的语句来表达尊重。

例6-14

"The ancient literature," Yün said, "Depends for its appeal on depth of thought and greatness of spirit, which I am afraid it is difficult for a woman to attain. I believe, however, that I do understand something of poetry."（林语堂. *Six Chapters of a Floating Life*，北京：外语教学与研究出版社，1999：21）

例6-15

"I am honored by your favor," Liang replied, "If you deign to use me, command me just once to do anything, and you will see if Old Liang is not worthy of your confidence."（林语堂. 京华烟云，北京：外语教学与研究出版社，2005：367）

在例6-14中，"芸"想要表达的是她在文学方面的知识有限，即现代汉语的"识字不多""文化水平不高"的意思。但在林语堂笔下，他以英文表述为"I believe, however, that I do understand something of poetry"。在这里，我们可以感觉到，英文中的语句明显暗示了"芸"确实了解一些诗句，学了一点诗歌。这里的"something"以肯定的语气出现，肯定了这位妇人（"芸"）的文学功底。而在中文里，尤其是古代汉语中，可以想见，这种语言表达是不可接受的。至少在当时的语境中是不合常理的。因为它与中文的"自谦原则"相冲突、相抵触。在接下来的例句6-15中，林语堂写道："I am honored by your favor,"很显然，这在英文中是一个典型的"尊他"而不是"贬低自己"的语言形式，这是很得体的，因为他强调了礼貌原则的应用，这是符合英语习惯的。

由于中文谦辞倾向于自我贬抑的表达，即以"自我为导向（中心）"。相应地，英语谦辞可以被看作以"对方（他人）为导向（中心）"的。也就是说，在英语表达中，针对他人的礼貌性的颂扬和肯定就显得十分突出了。

例6-16

As I look back upon the twenty-three years of our married life, I know that you have loved me and been most considerate to me, in spite of my faults.（林语堂. *Six Chapters of a Floating Life*，北京：外语教学与研究出版社，1999：171）

例6-17

"Sit down," said Mannia.

"I am not worthy," replied Snow Blossom. "You must pardon my rudeness. You have come to our place and I have not even offered you a cup of tea."（林语堂. 京华烟云，北京：外语教学与研究出版社，2005：103）

　　在例6-16和例6-17中，诸如"you have loved me and been most considerate to me"和"You must pardon my rudeness"的语句表达都是以主语"you"开头，这也暗示了在英语语境中，由于礼貌原则的存在，一些"尊他"性的语言会被频繁使用，以符合礼貌交际的原则。通览全文，还可以发现，与中文的自贬和自我否定不同的是，英文中很少有相关否定的应用。因此，从语用学的角度来看，绝大多数的所谓英语谦辞事实上都是"礼貌原则"的具体应用，而不完全等同于中文"自谦"原则的使用。

6.4　小结

整体来说，本章中应用了比较与对比分析方法，其根本目的在于发现汉英两种不同语言中谦辞表达的若干异同，以及在古代汉语和现代汉语中，谦辞发展的历史变化和未来的可能趋势等。书中具体应用了林语堂先生的诸多语料文本进行案例研究，并选取了其中一些典型例句，分别作为不同时期、不同语言的谦辞样本以展开分析。具体地，分别从词法学、语义学和语用学的角度做了详细的对比研究。

通过词法分析，可以得出结论：除了部分专用名词和代词外，中文常常使用动词和动词短语来表达自谦的意思，而英文中最常用的则是形容词和形容词短语。通过语义分析发现，在汉语中，尤其是古代汉语中，谦辞的词汇化程度高；在英语中，则常以句子和复合句的形式来体现谦卑的口吻和语气。相对而言，谦辞的词汇化程度低，或者说，高度词汇化的谦辞比较少。通过语用分析认为，在汉语表达中，自谦原则的应用比较普通；在英语中，礼貌原则通常作为一种合适的策略来实现汉语谦辞的跨语际表达。同样地，以上的种种差异，也预示着翻译人员在处理汉英谦辞的翻译问题时，要有效地实现谦辞的语际交流和传播，还是有相当多的困难。

第7章　谦辞翻译评价

按照前文分析，中英语言中的谦辞表达形式有显著差别，因此，处理好谦辞的汉英翻译问题就有一定难度。本章要探讨的问题是，汉英语言中的谦辞是否能够实现有效的跨语际交流，即汉语（英语）谦辞是否具有可译性，或者说，在汉英谦辞的翻译过程中是否存在等效翻译。

所谓的等效翻译是指译文能够在读者或者听众心理实现与原文尽可能相似的效果。即纽马克所说的"等效翻译不仅是翻译（所追求）的理想状态，而应该是翻译的根本要求"。为了更好地分析和对比不同谦辞的实际翻译效果，本章从英汉和汉英翻译的角度将要探讨的主要内容划分为三个部分，分别是英汉（汉英）的等效翻译、部分等效翻译和不等效翻译。

7.1　等效翻译

翻译意味着意思的传译①，也即意味着翻译的效果评估不仅可以从语义学角度，还可以从语用学的角度来进行分析。由

---

① Nida，Eugene A. *Translating Meaning* [M]. English Language Institute，1982.

此，等效翻译可以被理解为：从语义学和语用学角度来看，能够在源语言受众和目标语言受众中引起同样或者几乎同样的有效反应的翻译。等效翻译的重点在于能够在上下文具体环境中，就具体的字、词、句的内涵与外延有大体一致的反应效果。当然，在跨文化翻译实践中，有时是很难找到或者应用完全一样的语言的。本书中主要指的是从语用学方面来看，能够获得相似或近似的自谦表达效果。

7.1.1 《浮生六记》中的汉英翻译

在汉英翻译中，尽管把语言的内涵和外延表达得完全一致有一定的困难，但在《浮生六记》中，通过仔细的对比分析，笔者发现：林语堂通过对一些看似毫不相干的英语字、词、句子的精心选择和组织，还是取得了几乎与古汉语一样的语言表达效果。

> **例7-1**
>
> ◇所愧少年失学，稍识之无，不过记其实情实事而已，若必考订其文法，是责明于垢鉴矣。（林语堂. *Six Chapters of a Floating Life*，北京：外语教学与研究出版社，1999：2）
>
> ◇My only regret is that I was not properly educated in childhood; all I know is a simple language and I shall try only to record the real facts and real sentiments. I hope that the reader will be kind enough not to scrutinize my grammar，which would be like eking for brilliance in a tarnished mirror.（同上：3）

例7-1的句子中，可以将"少年失学""稍识之无""不过……而已"和"垢鉴"等字词定义为广义上的汉语谦辞。在林语堂的翻译中，它们相应地被翻译成"not properly educated""a simple language""only"以及"a tarnished mirror"等。很显然，每个英文表达形式无论是从语义学角度还是从语用学角度来看，都基本体现出了它们在源语言中的基本效果。

例7-2

◇ 为之整袖，必连声道"**得罪**"；或递巾授扇，必起身来接。（林语堂. *Six Chapters of a Floating Life*，北京：外语教学与研究出版社，1999：24）

◇ Whenever I put on a dress for her or tidied up her sleeves, she would say "So much obliged" again and again, and when I passed her a towel or a fan, she would always stand up to receive it.（同上：25）

例7-2中，中文"得罪"一词是个典型的谦辞例子，大体意思是"打扰您了，谢谢你的帮助"。然而，在不同的上下文中"得罪"一词的含义是不同的，一般可被理解为"冒犯了""打扰了""很对不起""让你不开心了"或者是伤害了对方表示"道歉"等。这是个含义丰富的词汇，它可以引起多种感情体验和情绪表达。因此，准确传达出它在原文中的具体内涵，看似简单，实则有点挑战。不妨设想一下，在几百年前的明朝时期，女性是很少有权利或机会要求其丈夫在日常生活方面提供体力支持和帮助的。因此，如果丈夫主动给予帮忙，传统上，这可被认为是一种非同寻常的关怀。"芸"作为

一名封建体制下的传统女性，当然会对其男人的协助感到极大感动和满足。因此，她一句简单的"得罪"实则至少包含了对自己丈夫的感激之情和深深的自责之意。译文中的"So much obliged"虽然只表达了原意的其中一个方面——也是主要的方面，仍然可以被看作相当合理的等效翻译。因为似乎很难找到更为恰当的英文来诠释原文谦辞所暗示的多重意思。

例7-3

◇即此**小经营**，尚干造物忌耶！（林语堂. *Six Chapters of a Floating Life*，北京：外语教学与研究出版社，1999：100）

◇The gods seem to be jealous even such a little effort of ours.（同上：101）

例7-3中，谦辞"小经营"的选用不仅是传统表达的需要，更表示说话者表达了强烈的感情色彩。沈复在其原文中对"小"的着重强调暗示了他的极大愤懑和深深失望。林语堂先生以极为简练的语言"a little effort"成功地表达了原文的深层含义，无论是语义、语用还是语气表达方面都极为贴切。

例7-4

◇总因君太多情，妾生**薄命**耳！（林语堂. Six Chapters of a Floating Life，北京：外语教学与研究出版社，1999：170）

◇It all comes of your too great love，bestowed upon one who is ill-fated and unworthy of this happiness.（同上：171）

原文中，"芸"尽管诚实、贤淑、忠贞，具备了封建社会价值观要求的一般女性应具备的绝大多数优良品质，但其在短短的一生中饱经磨难。上文中出现的这句话应该是她人生的最后一部分留言。从中，不难看出她表达了对丈夫的深深歉意，因为她无法再一路陪伴丈夫、在他遇到困难烦恼时宽慰和帮助丈夫了。"薄命"一词的字面意思是"人生短暂，没有福分再享受天命"，通常可用来表达对别人的同情、怜悯。这里是沈复的妻子"芸"的自我贬损，说她已经没有福分再陪伴丈夫左右了。林语堂在译文中巧妙地将其译作"ill-fated"（短命）和"unworthy of this happiness"（没有福分），准确地表达了中文的原意。

7.1.2 《京华烟云》中的英汉回译

一般地，进行谦辞的英汉回译是份相对容易点的工作。这在《京华烟云》中就有所体现。如前所述，《京华烟云》在某种程度上可以说是一部立足于中国文化的现代小说。因此在翻译成现代汉语方面困难相对小一点。然而，这并不影响笔者对其进行细致的研究分析。因为在这部作品中，林语堂在没有失去汉语言特色的前提下成功地向西方世界传递了中国文化。

例7-5

◇The message expressed profuse thanks to Mr. Tseng for this great favor, never to be fully requited even if Mr. Yao became a dog or horse in the next incarnation to serve him; …（林语堂. *Moment in Peking*，北京：外语教学与研究出版社，2005：57）

◇电报上的话是说，曾先生的大恩大德，**姚思安来生变做犬马也难报还**，真是千恩万谢；……（张振玉，译. 京华烟云，西安：陕西师范大学出版社，2005：52）

谈到汉英谦辞，例7-5是林语堂作品中不得不提的一段文字。相信他在英语原文中写的 "never to be fully requited even if Mr. Yao became a dog or horse in the next incarnation to serve him" 这段话对于绝大多数中国人来说是一点也不陌生的，因为它完全就是类似于或者来源于汉语中的一些脍炙人口的口头表达，即"我来生做牛做马来报答您"或者"我一辈子给您做牛做马"等。翻译成书面语就是"我姚某就是来生做牛做马也报答不完啊"。然而，仔细对比一下，还是能够发现中英文表达上有些许不同：如林语堂在英语中说的是 "became a dog or horse"（"做狗做马"）而不是汉语中习惯上说的"做牛做马"（"became an ox or horse"）。因此，张振玉在翻译这段文字时，对这一细微的差别予以保留。他将林语堂的句子按照原意翻译为"姚思安来生变做犬马也难报还"。译者将其中的谦辞言未加改变地呈现给中国读者，不仅没有改变原意，同时也能为汉语受众所接受。

例7-6

◇ "What a feat for her," said Mrs. Tseng, "Books are open to everybody, yet our boys have not learned from them. Our Sunya really can't compare with her in books or in general understanding of grown- manners."（林语

堂. *Moment in Peking*，北京：外语教学与研究出版社，
2005：150）

◇ 曾太太说："真有本领。谁眼前都可以翻开书。可是
咱们的孩子就**没在书上学到**哇。咱们苏亚，论书本
儿，**不能跟木兰比**，论懂事有礼貌，**也不能跟木兰
比**。"（张振玉，译. 京华烟云，西安：陕西师范大学
出版社，2005：132）

很显然，英文中的"have not learned"这一短语从字面上
可以理解为"没学会"。而这也正是张振玉选择的直译文字。
而另一个表示自我否定的句子"Can't compare with"就好比是
中文里的"不能比"。这些原作中的类似中文的自谦表达形式
都在汉语译作中完整地体现了出来。

例7-7

◇ "My child," said the grandmother, "how clever you
are! I have lived to such a grand age without tasting
peanut soup that was so good."

◇ "That's nothing; it is my filial piety and respect to your
old person," replied Mulan. "If your old person likes it,
I'll teach Dasmask to make it, and you can have it every
day."（林语堂. *Moment in Peking*，北京：外语教学与
研究出版社，2005：150）

◇ 老太太说："孩子，你怎么那么聪明！我活了这么大
岁数儿，都没尝过这么好的花生汤！"

◇木兰回答说："**这算不了什么，这是我孝敬您老人家的，您老人家若是愿喝，我告诉石竹怎么做，您每天都可以喝。**"（张振玉，译. 京华烟云，西安：陕西师范大学出版社，2005：132）

　　根据奈达的观点，西方人在面对他人的赞扬时，通常倾向于礼貌回应[①]。具体就是如同礼貌原则中所阐述的：当别人向你表示赞美或欣赏时，你一般应该回应说"谢谢"或者"十分感谢"之类的话。而在林语堂的 *Moment in Peking* 中，不难发现诸如"That's nothing"（字面意思就是"没什么"或者说"这算不了什么"）等这样极为中国化的谦辞语言。而在英语中，像"that's nothing"和"that's nothing at all"这样的语言表达是相当负面的，也被认为是不符礼仪的回答，因此也就往往会造成对方的误解。但是很奇怪的是，林语堂却在他的作品中成功地引进了这些看起来非常中国化的谦辞语言，这又是为什么呢？部分原因恐怕是林语堂先生在运用类似语言时，已经在上下文中有了良好的铺垫（背景说明和语用暗示）。因此，在结合具体语境的前提下，针对多数英语人士而言，接受一些传统上比较中国化而非西方式的谦辞形式，是完全可能的。由此，一些常见的汉语谦辞进行直译式的英语表达也就变得可行而又比较自然了。

[①]　Nida，Eugine A. *Language and Culture*：*Contexts in Translating* [M]. Shanghai：Shanghai Foreign Language Education，2001.

7.2 部分等效翻译

从实践上看，一篇好的翻译，不仅应该包含原文的表面意思——或者说字面意思，更要诠释它的言下之意。从某种程度上说，语用学上的意思表达比语义学上的意思表达更为重要。为了获得成功的跨文化交流，从语用学的角度，实现语义的对等翻译比纯语义学上的语义对等更加重要。而所谓的部分等效翻译，指的就是在语言翻译尤其是文化负载词的翻译过程中，对相关语言在现实语境中的语义予以充分考虑但未能完整体现的现象。

7.2.1 《浮生六记》中的汉英翻译

> **例7–8**
>
> ◇芸曰："古文全在识高气雄，女子学之**恐难入彀**，唯诗之一道，妾**稍**有领悟耳。"（林语堂. *Six Chapters of a Floating Life*，北京：外语教学与研究出版社，1999：20）
>
> ◇ "The ancient literature," Yün said, "depends for its appeal on depth of thought and greatness of spirit, which I am afraid it is difficult for a woman to attain. I believe, however, that I do understand something of poetry."（同上：21）

一般地，中文"恐难入彀"一词在本文中的意思可以理解为"对古典文学很难理解和把握的情形"。在这一句的翻译中，林语堂将之翻译为"I am afraid it is difficult for a woman to attain"。整体上看，林先生的译文与沈复的原稿基本相同，但在最后一句中就有一些差异。在这一句的末尾，沈复的原稿中写道"妾稍有领悟耳"，句中包含有谦辞"妾"和"稍"。其中，"稍"字面意思为"一点儿，不多"，在中文里是个否定的词汇。但在英文中，它被翻译为肯定语气。这无疑凸显了中英文化中的差异。因此，林语堂对这一词汇的翻译体现了它的语用含义，而不是照搬其字面的语义。这是部分等效的又一个例证。再看下面的句子。

例7-9

◇《楚辞》为赋之祖，**妾学浅费解**。（林语堂. *Six Chapters of a Floating Life*，北京：外语教学与研究出版社，1999：22）

◇The Ch'u Tz'u is, of course, the fountain head of fu poetry, but I find it difficult to understand.（同上：23）

这里，句中的"学浅"大意是"学业不精，知识浅陋"；而"费解"又类似于"很难理解"。由于后者暗含了前面一词的部分含义，因此，在林语堂的翻译中，他技巧性地将其诠释为一个短语，即"difficult to understand"。

例7-10

◇可知**一己之见，未可**测其奥妙！（林语堂. *Six Chapters of a Floating Life*，北京：外语教学与研究出版社，1999：246）

◇It is true that one is never too old to learn!（同上：247）

例7-10是应用否定词表达谦辞语义的又一个典型例子。沈复使用中文"未可"一词谦称自己的知识水平有限。这是汉语中自我否定策略的运用，林语堂在他的英译文本中也将其完美地体现了出来。但他在使用否定句子的同时，也将原文的意思做了部分改变。实际翻译时，林语堂应用自由翻译的手法将原句改为："it is true that one is never too old to learn"（活到老学到老）。

例7-11

◇ 茶叶俱无，恐**慢**客耳，**岂望酬**耶？（林语堂. *Six Chapters of a Floating Life*，北京：外语教学与研究出版社，1999：288）

◇ "Pay me for what trouble？ That is not the point，" replied the young man laughingly. "I was only afraid of being rude，for we have not even got tea leaves here."（同上：289）

在古汉语中，"慢"和"岂望"两个词同属汉语谦辞的表达形式。其中，"慢"，顾名思义，"怠慢"客人了，含有"无礼、粗鲁"的意思。而"岂望"译为现代语就是"怎敢奢望？""不敢奢望！"说全了就是"我怎么敢奢望您的报答呢？"林语堂将其直接翻译成"how dare I argue for a payment"。他以反问句的形式把中文里的真实含义完整地呈现了出来。很显然，相对于中文意思的字面直译，林语堂的处理手法更易于被目标语言（英语）阅读者接受。

例7-12

◇以余**管窥**所及，**不知**其妙。（林语堂. *Six Chapters of a Floating Life*，北京：外语教学与研究出版社，1999：304）

◇For an uncultivated person like myself. I just fail to see where its beauty lies.（同上：305）

例7-12中的"管窥"一词在中文里有多种与之相关的说法，像"管窥蠡测""管窥之见""管窥之说""管窥蛙见""管中窥虎"等，不一而足。其意思均类似于人们平常所说的"目光短浅""没有眼光""没知识""水平低"等。在译文中，林语堂将其翻译为"uncultivated person"，即没有文化的人。无形中，译文扩大了原文的语义内涵。虽然在另外一个谦辞的处理上，林语堂将"不知其妙"中的"不知"一词比较准确地翻译成"fail to see"；但从整个句子看来，谦辞的汉英翻译还不能算是完全等效的。

7.2.2 《京华烟云》中的英汉回译

例7-13

◇ "It isn't true," said the girl's mother modestly. "It is all because you and your husband love them and are indulgent toward them."（林语堂. *Moment in Peking*，北京：外语教学与研究出版社，2005：126）

◇木兰的母亲说："**您说哪儿的话**？都是您和您先生喜欢她们，宠爱她们就是了。"（张振玉，译. 京华烟云，西安：陕西师范大学出版社，2005：111）

在中文里，有部分谦辞的意思几乎是完全相同的，其所起的作用也比较接近，如下面这个例子。汉语里表达自谦时，"哪里"和"哪儿的话"就近似于说"没有的事"。所以，中文读者看到林语堂的英文语句"It isn't true"被翻译成中文"您说哪儿的话"时，也就不会感到奇怪了。

例7-14

◇"This is my duty," said Snow Blossom, "and I dare not bother Phoenix with it."（林语堂. *Moment in Peking*，北京：外语教学与研究出版社，2005：148）

◇雪花说："**这是我分内的事，不能**麻烦凤凰姐姐。"（张振玉，译. 京华烟云，西安：陕西师范大学出版社，2005：130）

在《京华烟云》中，"雪花"和"凤凰"都是曾家的用人，在日常生活中，她们感情很深，情同姐妹。在上面的这段英语原文中，"dare not"在源语言中无疑暗示了"雪花"对"凤凰"的一丝不满意甚至是埋怨的语气，所以如果我们将其翻译成中文的"不敢"，似乎要完全优于张振玉先生所译的"不能"一词，中文译本中"不能"一词的使用多多少少都造成了原文的语义损失。

7.3　不等效翻译

　　然而，需要注意的是，在谦辞的翻译过程中，仍然有一些字词或语句因为目标语言和源语言的多重差异，很难或不能在目标语言中找到合适的语言来代替。这些所谓的语言差异往往是和特定文化相关的，目标语言中常常没有对应的表达形式或结构来诠释其丰富的语言和文化信息，因此就可能造成词法上的、语义上的抑或是语用上的失效或不足。

7.3.1　《浮生六记》中的汉英翻译

例7-15

◇**无师**之作，愿得知己堪师者**敲成**之耳。（林语堂. *Six Chapters of a Floating Life*，北京：外语教学与研究出版社，1999：6）

◇I have had no one to teach me poetry, and wish to have a good teacher-friend who could help me to finish these poems. （同上：7）

　　对于国内的大多数翻译者而言，汉英翻译当然要比英汉翻译难度大一点，谦辞的翻译似乎更是如此，因为这里面涉及更多文化信息的传递。就以例7-15中的"敲成之"为例，其中的"敲"字就是一个含义丰富的自谦词。由这个字不难回想起汉语中"推敲"一词的典故，说的是做文章进行字词斟酌和文采修饰的意思。然而，在有限的字段中，如此大量的文化背景信息是很难被完全涵盖在内的。这就造成了非等效翻译，也是林语堂不得不草草使用"finish"一词来翻译的原因。

例7-16

◇自此"**岂敢**""**得罪**"竟成语助词矣。（林语堂. *Six Chapters of a Floating Life*，北京：外语教学与研究出版社，1999：24）

◇From then on our conversations were full of "I'm sorry's" and "I beg your pardon's". （同上：25）

例7-16中"岂敢""得罪"这样的字词是当作名词来使用的，指的是沈复和妻子"芸"在日常生活中常常挂在口头的类似"岂敢""得罪"这一类的礼貌语言和谦让话。因此，林语堂费尽心思，力图在其英文翻译中体现出这些话语的平常化、生活化。最终，他所选用的"I'm sorry's"和"I beg your pardon's"尽管在外延方面与中文原文有点出入，但在内涵方面成功地表达了相同的意思。

113

例7-17

◇蒙夫人**抬举**，真**蓬蒿倚玉树**也。但吾母望我奢，恐难自主耳，愿彼此缓图之。（林语堂. *Six Chapters of a Floating Life*，北京：外语教学与研究出版社，1999：78）

◇ "I should feel greatly honored if I could come to your home，but my mother is expecting a lot of me and I can't decide by myself. We will watch and see…" （同上：79）

类比是古代汉语常用的修辞手法。例7-17中，"蓬蒿"类指的是普通的草本，而"玉树"意比高大的树木。"蓬蒿倚玉树"一句表面似乎说的是"低矮普通的草本植物依靠着高大名贵的树木"，实则是用来比拟个人的卑微和对方的高贵。在沈复的原文中，表达类似的谦卑之义还有另外一个词"抬举"，意即"高看我了，优待我了"。相比之下，英文中的"greatly honored"一词似乎就显得比较平常，它无法诠释"蓬蒿倚玉树"和"抬举"所表达的全部语言内涵和文化意蕴。

例7-18

◇ **曩者小徒**不知食何物而腹泻，今勿再与。（林语堂. Six Chapters of a Floating Life，北京：外语教学与研究出版社，1999：238）

◇ The old monk told me that the acolyte had developed diarrhea after we had left there the last time, that he did not know what we had given him to eat and that we should refrain from doing any such thing again.（同上：239）

在古汉语中，有些字词不仅结构复杂，其表达的语义也比较宽泛繁杂，"曩者小徒"就是这样一个例子。从原文来看，它似乎暗示的只是一个小沙弥的意思。原文中，那位寺庙的大师傅在与沈复聊到自己的小徒弟时，他说了这么一句。"小徒"一词应该就是"小和尚"的谦称。然而，鉴于英汉语言的种种差别，林语堂只能将其翻译为"the acolyte"，也就是天主教里的助手、侍祭的意思。但他忽略了"曩者小徒"一词在中文里所包含的众多谦虚的语义和语气，事实上，这里的"the acolyte"也只能被看成林语堂在不得已情况下的非等效翻译。

7.3.2 《京华烟云》中的英汉回译

> **例7-19**
>
> ◇If you don't think our place unworthy, I shall tell my parents and they will send for you this afternoon.（林语堂. *Moment in Peking*，北京：外语教学与研究出版社，2005：109）
>
> ◇您若不嫌**舍下简陋**，我就回去告诉我父母，今天下午他们来接您两位。（张振玉，译. 京华烟云，西安：陕西师范大学出版社，2005：95）

在英文版的*Moment in Peking*中，"unworthy"是个普通词汇，表示礼貌性地寒暄；而在中文版的《京华烟云》中，它被翻译成"简陋"一词，类似于英语"shabby"的含义，表达谦恭之义。同样地，"our place"一词也被翻译成中国式的谦辞"舍下"。整体上，汉语译本的遣词造句虽然与英语原文有些出入，但两者在委婉语气的表达和谦卑语义的翻译方面完全相同。

> **例7-20**
>
> ◇ "Mrs. Yao, you are joking," replied Lifu. "If you don't think me unworthy, it will be an honor to me." （林语堂. *Moment in Peking*，北京：外语教学与研究出版社，2005：160）
>
> ◇立夫回答说："姚太太，**您说笑话儿。您若不嫌我没出息，就是我的面子**。"（张振玉，译. 京华烟云，西安：陕西师范大学出版社，2005：141）

根据原文，姚太太认为立夫谦虚有礼，并对他大加赞赏。她认为立夫应该是她儿子学习和遵从的榜样，并希望他们能够结交成为好朋友。她将自己的想法告诉了立夫，因此立夫回答了上面这段话。由于自己出身贫寒，立夫为人处事特别低调，而英语原文中的"unworthy"一词应该指的就是出身贫贱之意。但在汉语《京华烟云》中，张振玉先生却将其译作"没出息"——这在现代汉语中往往表达的是"能力欠缺""没有成就"的意思。汉语中的"没出息"更强调外在的成绩或表现，而不是先天性的出身地位。所以，明显地，在"unworthy"一词的英汉回译过程中，译者在英汉谦辞的表达重点方面有了取舍和细微的改变。

7.4　小结

综上所述，本章主要讨论了谦辞的汉英和英汉回译问题。具体来说，有关谦辞的翻译存在三大可能：等效翻译、部分等效翻译和非等效翻译。

现在，不难得出这样的结论：汉语谦辞可以通过某种语言形式实现其英译过程，反之亦然。也就是说，整体而言，实现谦辞从源语言到目标语言的翻译是可行的。当然，最终的翻译效果可能会有等效、部分等效甚至非等效的差异，不同的翻译作品可能存在翻译质量的高低区别。究其原因，除了翻译者的个人因素外，还有采用的翻译方法的因素、翻译策略的因素以及翻译目的和角度的因素。即所谓谦辞的可译性问题应该是如何科学地及有创意性地进行翻译的问题，其本身并不是争论的焦点所在。

第8章　谦辞的翻译
方法与手段

如前所述，本书中的研究旨在回答三个问题，其中前两个问题已经在前面的章节中做了肯定的回答。下面要回答的是最后一个问题，即如何在谦辞的汉英和英汉回译过程中实现语义对等和语用对等。这是有关翻译方法和策略的问题。虽然广大学者和研究人员对跨文化交流和语际翻译的问题多有论述，但有关谦辞的翻译策略却鲜有提及。彼得·纽马克就是提到谦辞翻译策略的少数人之一。他在相关翻译著作中曾作过部分阐述，现摘要如下。

8.1　文化翻译主张

语义翻译法

彼得·纽马克，这位著名的语言学家和翻译理论家，曾多次强调语言的可译性问题。他在《论翻译》一书中写道："Here I should state that every variety of meaning can be transferred, and therefore, unequivocally, that everything can be translated."[①]意

[①] Newmark, Peter. About Translation [M]. Multilingual Matters Ltd. 1991.

思是说，诸如谦辞这样的文化负载词是完全可以翻译成外语的。随后，他又接着谈论了文化特色词汇的翻译方法："Literal translation can throw some light on the relation between one language and another, and one language and its antecedents." [1]

为解决翻译实践中可能碰到的种种问题，纽马克提出了针对不同的文本类型使用不同方法的翻译理论，并具体阐述了交际翻译法和语义翻译法。这些理论和方法也理所当然地成了他在翻译研究领域的杰出成就。奈达曾对其做出如此评价："纽马克教授的重要贡献之一就是他在语义翻译和交际翻译方面的详细论述……以及纽马克教授倡导的文本类型的多样性。"（Newmark，2001）

具体地，纽马克教授的交际翻译法和语义翻译法的形式可以说明如下。

SL Emphasis	TL Emphasis [2]
word-for-word translation	adaptation
literal translation	free translation
faithful translation	idiomatic translation
semantic translation	communicative translation

（Newmark，2001：45）

从上面的图示可以发现，直译作品在形式和内容上是最接近源语言的原始结构的。由于那种字对字的翻译通常是一种死

---

[1] Newmark. *Approaches to Translation* [M]. Shanghai: Shanghai Foreign Language Education, 2001.

[2] Newmark. *A Textbook of Translation* [M]. Shanghai: Shanghai Foreign Language Education, 2001.

板的翻译手法，所以一般只能用于名称的翻译。而改写翻译和自由翻译又过于强调目标语言的流利得体，因此就删减了原文的意境和韵味。然后，纽马克详细分析了这些不同的翻译方法和它们在翻译实践中合理应用的问题。

8.2 谦辞的翻译方法

语义翻译理论的实践应用。

8.2.1 直译

直译（literal translation）

依据纽马克的观点，直译意味着源语言中的语法结构在目标语言中有最接近的对等翻译。作为译前的程序之一，这种方法可以用来指明要解决的问题所在。这一手法在林语堂的 *Moment in Peking* 这部作品中有所体现，这是因为《京华烟云》这本书虽然是以英文小说的形式创作的，实际上它的核心思想和内容完全建立在中国文化的基础上，因此小说中的一些字词用句可以直译为汉语。

例8-1

◇ "It was my fault. I should have known. But I wanted her to see it at least once."（林语堂. *Moment in Peking*，北京：外语教学与研究出版社，2005：312）

◇木兰说：**"都是我的不是。我应当知道**这种情形。但是当时我只想让她至少看一次电影儿。"（张振玉，译. 京华烟云，西安：陕西师范大学出版社，2005：276）

当木兰说"It was my fault"时，她的意思看似主动承认错误，表示道歉；实则是以谦虚的言辞向对方表示尊重。这是中国人的一种文化思维和处事逻辑。用汉语讲这句话就是"这是我的错"或者"是我错了"。木兰主动独自承担责任意在保存对方的颜面，维护其尊严。这是一个典型的东方式的英语表达形式，林语堂使用了一个非常符合中国人语言和文化特色的谦逊语句。对于中国人而言，要想体会其中的深层含义，可能没有什么困难。但对于西方人而言，就有疑问了。因此，作为一个国内的译者，张振玉很容易就能通过直译的方法将其翻译成相应的汉语。

例8-2

◇ "Don't listen to her," said Mochoe modestly. "But you have not been to our place for a long time, Auntie Tseng. Come with us after dinner."（林语堂. *Moment in Peking*，北京：外语教学与研究出版社，2005：146）

◇莫愁谦逊说："**别听她的**，不过曾伯母您好久没到我们家了，吃完饭到我们家坐坐吧。"（张振玉，译. 京华烟云，西安：陕西师范大学出版社，2005：129）

在中国，"别听她的"常常暗示的潜台词是"她的话言过其实"。在特殊的语言环境中，这句话可以用来表示自谦，意思是"（我方的）她，我们当中的她"。但在英语中，"Don't listen to her"听起来更像是句冒犯或者挑衅的话，很可能会被认为是粗鲁无礼的言辞。然而，林语堂先生却在英文中直译了这个句子，期待向西方读者呈现出一种原汁原味的中国式的对

话情境。这种利用直译手法处理语言翻译问题的形式可谓是谦辞翻译实践中的一次全新尝试。

例8-3

◇ **贫士**屋少人多，当仿吾乡太平船后梢之位置，再加转移。（林语堂. *Six Chapters of a Floating Life*，北京：外语教学与研究出版社，1999：98）

◇ Poor scholars who live in crowded houses should follow the method of the boatmen in our native district who make clever arrangements with their limited space on the sterns of their boats by devising certain modifications, such as making a series of successive elevations one after another, and using them as beds, of which there may be three in a little room, and separating them with booked wooden partitions. （同上：99）

例8-4

◇ **贫士**起居服食以及器皿房舍，宜省俭而雅洁，省俭之法曰"就事论事"。（林语堂. *Six Chapters of a Floating Life*，北京：外语教学与研究出版社，1999：118）

◇ A poor scholar should try to be economical in the matter of food, clothing, house and furniture, but at the same time be clean and artistic. In order to be economical, one should "manage according to the needs of the occasion," as the saying goes. （同上：119）

例8-3和例8-4表明：如何准确地翻译出"贫士"的真实内涵是个很有挑战性的工作。部分原因是因为中文里一个简单的"士"字表达的含义很复杂。根据不同的上下文和语境，它可能会有多种含义和意思表达，像古代的"文人或勇士""将军、士兵或者武将""古代社会的所谓士大夫阶层""一个值得尊敬的人""学者"等，意思不仅广而且泛。在译文中，林语堂使用直译手法分别将其译为"a poor scholar"或"poor scholars"，大体反映了"贫士"一词的基本意思，也避免了其他词汇可能给英文读者带来的误解；同时，林语堂这么做还有一点好处，那就是干净利落，简明扼要。

例8-5

◇ "I am a useless woman," said Mannia's mother, "and ignorant of the customs of Peking. Even at this wedding, I am not able to do a thing. Everything is done for us, mother and child, by the bridegroom's parents who have been so kind to us…"（林语堂. *Moment in Peking*，北京：外语教学与研究出版社，2005：132）

◇ 曼娘的母亲说："我是个**不中用**的人，又**不懂**北京城的礼节。在这大喜的日子，我**也不会**做什么。什么事都是亲家公亲家母给我们母女准备的，他们两位太好了。……"（张振玉，译. 京华烟云，西安：陕西师范大学出版社，2005：116）

在 *Moment in Peking* 这部英文小说中，林语堂用了不少中国式的语言词汇，比如像这段对话中的"I am a useless woman"和"（I am）ignorant of the customs of Peking"等，这在英语语境中是极少见到的。诸如此类的英文谦辞语言从某种程度上说就是从中文"不中用"和"不懂"等词语直接翻译而来的。

例8-6

◇ "Are you related to Confucius?" asked Mr. Yao because their family name was Kung.

◇ "No, we have not the honor," replied Lifu." If all people by the name of Kung were descendants of Confucius, then Confucius would be disgraced."（林语堂. *Moment in Peking*，北京：外语教学与研究出版社，2005：155）

◇姚思安问他："你和孔夫子家有什么关系没有？"

◇孔立夫回答说："**没有，不敢当。**若姓孔的都是孔夫子的后人，孔夫子就要贬低身价了。"（张振玉，译.京华烟云，西安：陕西师范大学出版社，2005：136）

在张振玉的《京华烟云》中，立夫的回答"we have not the honor"被直接翻译成自谦的话"不敢当"，在字面结构和语言内容上都保持了和原文的近似一致。再看下面的例子。

例8-7

◇ "Machow, how dare you argue with Uncle Fu?"（林语堂. *Moment in Peking*，北京：外语教学与研究出版社，2005：163）

◇ "莫愁，你**怎么敢**跟傅伯伯争论？"（张振玉，译. 京华烟云，西安：陕西师范大学出版社，2005：143）

一般而言，从英语使用者的角度看，例8-7中的对话直接选用"dare"一词是不太符合英语的语言习惯和交际传统的。但是，中文里确实倾向于在口语交流中使用"怎么敢"甚至是"你怎敢"这样的话语来表达自贬或尊他之意，暗示的意思就是"（我）不敢，也不会有意冒犯"。所以，显然地，林语堂先生把中文的语言习惯利用直译手法，以类似反译和回译的形式，直接应用到他的英语小说的创作中去了。

8.2.2　意译

忠实翻译（faithful translation）

所谓忠实翻译，正如纽马克说的，就是在受限于目标语言语法结构的情况下，努力再现或准确表达原文和原话的语境意思。它要求翻译人员在翻译时要做到在诠释文化内涵的前提下，缩小与源语言在语法和词汇方面的偏差，设法忠实地保留原作的写作意图，努力保证原作者的思想和风格能够在目标语言文本中得以实现。

例8-8

◇乾隆乙巳，**随侍**吾父于海宁官舍。芸于吾家书中附寄小函。（林语堂. *Six Chapters of a Floating Life*，北京：外语教学与研究出版社，1999：126）

◇When I was staying with my father at the Haining yamen in 1785，Yün used to enclose personal letters of hers along with the regular family correspondence.（同上：127）

例8-9

◇庚成之春，予又**随侍**吾父于邗江幕中，有同事俞孚亭者絜眷居焉。（同上：126）

◇In the spring of 1790，I again accompanied my father to the magistrate's office at Hankiang [Yangchow].（同上：127）

例8-10

◇余弟启堂时**亦随侍**。（同上：128）

◇At that time，my younger brother Ch'it'ang was also there.（同上：129）

例8-11

◇甲辰之春，余**随侍**吾父于吴江明府幕中，与山阴章苹江、武林章映牧、苕溪顾蔼泉诸公同事，恭办南斗圩行宫，得第二次瞻仰天颜。（同上：228）

◇In the spring of 1784，I accompanied my father to the yamen of Wukiang under the magistrate Mr. Ho，where I had colleagues like Chang Pinchiang of Shanyin，Chang Yingmu of Wulin and Ku Aich'uan of T'iaoch'i.（同上：229）

在上面的例子里，"随侍"一词是汉语中对"陪伴他人"的自谦说法，这在古汉语中尤其明显。但在现代英语中，却没有完全准确的字词来表达这种谦恭的语气。因此，在林语堂的译文中，他只能借助于忠实翻译的手法，将其分别译为"to stay with"和"to be there"，或者是"accompany"之类的词语。

例8-12

◇君或体有不安，**妾罪更重矣**。（同上：127）

◇Take good care of yourself and increase not the burden of my sins.（同上：127）

通常，在中国，照顾丈夫被视为妻子的传统责任和义务，即所谓"相夫教子"中的"相夫"。因此，如果丈夫病重，人们尤其是丈夫的父母往往会认为是妻子的过错或罪过。林语堂根据目标语言的语法结构将其翻译为"not the burden of my sins"，这样做的目的是避免英语人士的理解困难。他尝试使用"sins"这个复数名词来暗示原文中的"罪更重矣"，这有助于读者更容易地理解上下文中隐藏的不同文化之间深层次的含义和内容。

8.2.3 自由翻译

自由翻译（free translation）

根据纽马克的观点，自由翻译就是再现一些原来没有的东西，或者是按照原来没有的形式重组内容。通常，自由翻译就是对原来意思的解释，要比原文长得多；是所谓的"语内翻译"，往往既冗长又造作，压根儿就不是什么翻译。所以真正的翻译必须要努力忠实于原文的意思，努力忠实于原作者利用源语言所创作出来的文本①。

> **例8–13**
>
> ◇If you don't think our place unworthy, I shall tell my parents and they will send for you this afternoon. (林语堂. *Moment in Peking*,北京:外语教学与研究出版社,2005:109)
>
> ◇您**若不嫌舍下简陋**,我就回去告诉我父母,今天下午他们来接您两位。(张振玉,译. 京华烟云,西安:陕西师范大学出版社,2005:95)

在这里,"unworthy"一词在英文中非常普通。而在中文版的《京华烟云》中,它被翻译成"简陋"一词,类似于英语"shabby"的含义,表达谦恭之义。同样地,"our place"一词也被翻译成中国式的谦辞"舍下"。整体上,由于使用了自由翻译的手法,中英版本的两段文字虽然在委婉语气的表达上比较近似,但汉语译本的遣词造句与英文原文明显有些不同。

然而,自由翻译,因其很少注意不同语言的文化特征,在谦辞翻译过程中被较少使用。因为一旦使用,一般就可能发生句子失效(不足)的情况,并可能进一步导致目标语言读者对其真实含义的误解。

---

① Newmark. *A Textbook of Translation* [M]. Shanghai:Shanghai Foreign Language Education,2001.

8.3　林语堂的翻译手段

　　谦辞作为文化负载词，在不同的语言中可能会有不同的词法形式。但大多数谦辞在意思表达和文化内涵方面会有相似性，因此也可以相互转译。接下来要分析的是最后一个问题，那就是：如何实现不同语言间谦辞的相互翻译。以汉语和英语为例，尽管前文已经提到了一些语义翻译的理论和方法，但还没有研究具体的翻译手段和手法。所以，还需要进一步观察不同翻译策略在翻译实践中的具体应用。下面，仍以林语堂先生的部分作品作为文本展开案例分析。通过对谦辞的词法形式进行深入的定量研究，有望就其翻译的手段、技法问题找出一些定论。

8.3.1　否定词的使用

　　通过详细的语料分析和对比，笔者发现林语堂在小说创作过程中有一个突出的特点，那就是通过应用否定词的策略来表达自我谦卑的含义。这在他的翻译作品中也很常见。在 *Six Chapters of a Floating Life* 中，林语堂频繁地使用诸如"not""no"和"never"这样的否定词来表达自谦的意思。比如，他翻译"少年失学"为"I was not properly educated"，其中的"not properly educated"就是用来自谦的否定词组；还有他将"可知一己之见，未可测其奥妙"译作"It is true that one is never too old to learn"；以及将"无师之作"译成"no one to teach me poetry"等。

　　同样，除了"no"之外，还有其他表达否定意义的形容词。比如用"little effort"表示中文里的"小经营"；用"ill-fated and unworthy of this happiness"代替原文中的"薄命"

等。类似地，还有一些表示否定含义的英语动词，比方说用英语的"fail to see"来对应翻译中文里的"不知其妙"。

而在英汉回译中，相关否定词的应用就更为广泛。例如，"I am not worthy"可被译作"不敢当"；"It isn't true"就可以翻译成"您说哪儿的话"；"I am a useless woman"译成汉语就是"我是个不中用的人"；还有"That's nothing"可译为"这算不了什么"等。下面，请看详细的统计数据。

表8-1 汉英翻译中否定词的使用情况

项 目	中文原文	英文译文
文本的总字数	36240	/
谦辞的字数	85	67
谦辞的个数	34	23
否定词的字数	36	18
否定词的个数	14	7

数据来源：*Six Chapters of a Floating Life* 和《浮生六记》。

表8-2 英汉回译中否定词的使用情况

项 目	英文原文	中文译文
文本的总字数	528763	/
谦辞的字数	90	107
谦辞的个数	26	29
否定词的字数	40	55
否定词的个数	16	16

数据来源：*Moment in Peking*和《京华烟云》。

从表8-1中可知，在源语言（中文原文）中有34个表示自谦的语言结构，其中的14个，也就是41%（14/34）（注：括号内为计算过程，计算结果四舍五入保留到整数，下同）的谦辞使用了否定词形式；相应地，在目标语言（英文译文）中这一比例为30%（7/23）。而表8-2中分析的是英汉回译中否定词的应用情况。从中可知，在源语言（英文原文）中有62%（16/26）的谦辞结构使用了否定词，而在目标语言（中文译文）中带否定词的谦辞占比为55%（16/29）。因此，根据研究，平均来看，有48%（（14/34+16/29）/2）的汉语谦辞和46%（（7/23+16/26）/2）的英语谦辞，或者说有51%（（14/34+16/26）/2）的源语言和43%（（7/23+16/29）/2）的目标语言会频繁地突出否定词在谦辞中的应用。同时，汉语使用者更倾向于运用否定词来表达谦卑的意思，而英语使用者则相对较少使用。类似地，源语言中否定形式的谦辞的使用概率也要高于它在目标语言中的使用概率。综合来看，无论是中文原文抑或是英文译文，含否定词的谦辞表达形式占全部谦辞的一半左右，反之亦然。该结论对于翻译的研究和实践无疑具有重要的参考意义和实用价值。

8.3.2　贬义词的使用

在林语堂的作品中，有关谦辞翻译的另外一个常用技法就是频繁使用贬义词。所谓使用贬义词，就是通过不好的语言来形容和表示自谦，这实质上就是"自我贬损"策略的应用。可以通过具体的例子来予以说明，如"all I know is a simple language"（"稍识之无"）；"never to be fully requited even if Mr. Yao became a dog or horse in the next incarnation to serve him"（"姚思安来生变做犬马也难报还"）；"ignorant of the customs of Peking"（"又不懂北京城的礼节"）；以及"being rude"（"慢""怠慢"）等。

在汉英翻译中，类似地，还有将"垢鉴"直译为"a tarnished mirror"；将"贫士"翻译成"a poor scholar"等。以上翻译强调的都是形容词性贬义词的应用，另外还有部分翻译侧重的是名词性贬义词的使用。比如，在林语堂的译文中，他将"妄罪更重矣"翻译为"increase not the burden of my sins"。句中"sins"一词不仅表达了原文的贬损含义，也很符合目标语言的文化传统和具体语境。下面，请看统计数据的分析结果。

表8-3　汉英翻译中贬义词的使用情况

项　　目	中文原文	英文译文
文本的总字数	36240	/
谦辞的字数	85	67
谦辞的个数	34	23
贬义词的字数	37	23
贬义词的个数	15	8

数据来源：*Six Chapters of a Floating Life*和《浮生六记》。

表8-4　英汉回译中贬义词的使用情况

项　　目	英文原文	中文译文
文本的总字数	528763	/
谦辞的字数	90	107
谦辞的个数	26	29

续表

项　目	英文原文	中文译文
贬义词的字数	16	17
贬义词的个数	4	5

数据来源：*Moment in Peking*和《京华烟云》。

从表8-3和表8-4中可知，31%（计算过程略，下同）的中文谦辞和25%的英语谦辞中含有贬义词。或者说，在30%的源语言和26%的目标语言中使用了贬义词来构成谦辞。和否定词的使用情况一样，汉语使用者更倾向于运用贬义词来表达谦卑的意思，而英语使用者则相对较少使用。同样地，在源语言中贬义词的使用概率也要高于它在目标语言中的使用概率。

8.3.3　特殊句子结构的使用

谦辞的翻译并不简单。除了上文提到的否定词和贬义词的频繁使用外，一些其他语言和词法结构也常常用来进行谦辞的翻译。这其中就包括下面这样的例子，如"So much obliged"翻译成"得罪"；"This is my duty"翻译为"这是我分内的事"；"You are joking"翻译成"您说笑话儿"等。在中文里，类似"不过……而已""仅仅""稍"这样的词和短语常常用来表示谦逊的意思。林语堂往往就把它们翻译成"only"，以体现语用对等。

需要注意的是，林语堂作品中的一些固定句子和语言结构对于研究谦辞翻译是具有较高的借鉴价值的。比如，他频繁地使用"honor"和"worthy of"等词汇来实现谦辞的汉英翻译，典型的例子有："I am honored by your favor"译作"真是三生有幸"；"I should feel greatly honored"译为"蒙夫人抬举，真蓬蒿倚玉树也"；"If you don't think our place unworthy"翻译成"您若不嫌舍下简陋"以及"If you don't think me unworthy, it will be an honor to me"译为"您若不嫌我没出息，就是我的面子"等[①]。

表8-5　汉英翻译中特殊句子的使用情况

项　目	中文原文	英文译文
文本的总字数	36240	/
谦辞的字数	85	67
谦辞的个数	34	23
特殊句子的字数	12	26
特殊句子的个数	5	8

数据来源：*Six Chapters of a Floating Life*和《浮生六记》。

表8-6　英汉回译中特殊句子的使用情况

项　目	英文原文	中文译文
文本的总字数	528763	/
谦辞的字数	90	107
谦辞的个数	26	29
特殊句子的字数	25	35
特殊句子的个数	6	8

数据来源：*Moment in Peking*和《京华烟云》。

---

① 李清花. 探析汉语自谦语在现代英语中的体现[J]. 考试周刊，2007，19：48-49.

从表8-5和表8-6中可以得出结论：大约有21%（计算过程略，下同）的中文谦辞和29%的英文谦辞会通过特殊的或者特定的句子结构来表示自谦的意思。或者说，大约19%的源语言和31%的目标语言中使用了特殊的或者特定的句子结构来进行谦辞义的表达。也就是说，在英语中更倾向于运用句子的形式来表达谦卑的意思，而在汉语中则相对较少使用。同样地，在源语言中特殊的或者特定的句子结构的使用概率也要低于它在目标语言中的使用概率（究其原因，恐怕是因为人们往往需要在目标语言中借用复杂句子才能实现谦辞的多重语义表达和文化内涵的诠释，也就是所谓的paraphrase）。

8.4　小结

本章的前半部分，通过详细的对比和比较分析，重点讨论了英汉谦辞的翻译方法和策略。并具体结合纽马克的语义翻译理论和文本类型观点，运用对比分析的方法，考察和审视了直译方法、忠实翻译方法和自由翻译方法在林语堂作品中的实际应用。研究的结论是：第一，一般情况下，实现汉英谦辞的跨文化交流是可能的。虽然进行跨语言的等效翻译只具有相对性，但基于以交际为目的的汉英谦辞交流还是可行的。第二，适当应用直译手法是谦辞翻译的可靠途径之一。正如前文提到的，直译可以用来诠释谦辞的真实内涵，同时也会减少语义和信息的损失。因此，以直译方法为主，忠实翻译方法和自由翻译方法为辅的语义翻译理论对于谦辞的翻译实践具有十分积极的促进作用。

本章的后半部分，通过对林语堂相关作品的案例分析，得出了一些谦辞翻译常用的基本技法。研究的结论是：汉英语言中均不同程度地存在谦辞现象，尽管它们存在的数量和使用的频率可能有巨大差异。即汉语中存在更多的谦辞现象，使用频率也更高（见表8-1）。而更重要的启发是谦辞的翻译通常可以通过三种技法得到具体的实现，即否定词的使用、贬义词的使用和特殊句子的使用等。其中，在中文里，否定词的使用最为频繁，贬义词的使用也较常见，而特殊句子的使用则相对较少。然而在英语中，特殊句子或自由句法的形式则相对常见。相较于汉语谦辞而言，由于语言特征和文化背景的不同，前两种方法的使用一般不像在中文文本中那么常见。

第9章　谦辞的篇章翻译

在前面几个章节中，主要进行了汉英谦辞的语言学分析和谦辞翻译的效果评估；并具体探讨了谦辞翻译过程中所适用的翻译方法和策略等。

当然，进行分析的基本材料主要还是集中在林语堂先生的一些个人作品当中。而在研究谦辞翻译的过程中，语言背景和篇章结构应该是不可忽视的重要内容；同时，有关译者的主体性或决定性作用也是时常需要关注的。正如前面有关章节中提到的，有关篇章翻译和译者风格的讨论分析应该也是翻译研究的重要内容。下面就以蒲松龄所著的《瑞云》一文为原本（节选自《聊斋志异》），以丁如明等所译的白话文和丁望道等的不同英语译文为参照，进行比较研究和鉴赏分析。

阅读过程中，请注意黑体字部分的具体内容。

9.1　谦辞的篇章翻译鉴赏

9.1.1　《瑞云》篇章原文

瑞云①

（蒲松龄著《聊斋志异》）

　　瑞云，杭之名妓，色艺无双。年十四，其母蔡媪，将使出应客。瑞云曰："此奴终身发轫之始，不可草草。价由母定，客则听奴自择之。"媪曰："诺。"乃定价十五金，逐日见客。然见者必以贽：贽厚者，接以奕，酬以画；薄者，一茶而已。瑞云名噪已久，富商贵介，接踵于门。余杭贺生，才名夙著，而家仅中资。素仰瑞云，固未敢拟同鸳梦，亦竭微贽，冀得一睹芳泽。窃恐其阅人既多，不以寒酸在意；及至相见一谈，而款接殊殷。坐语良久，眉目含情，作诗赠生曰："何事求浆者，蓝桥叩晓关？有心寻玉杵，端只在人间。"生得诗狂喜。更欲有言，忽小鬟来自"客至"，生仓猝遂别。既归，吟玩诗意，梦魂萦扰。过一二日，情不自已，修贽复往。瑞云接见良欢。移坐近生，悄然曰："能图一宵之聚否？"生曰："**穷蹙之士，惟有痴情可献知己。一丝之贽，已竭绵薄。得近芳容，私愿已足；若肌肤之亲，何敢作此梦想。**"瑞云闻之，戚然不乐，相对遂无一语。生久坐不出，媪频唤瑞云以促之，生乃归。心甚悒悒，思欲罄家以博一欢，而更尽而别，此情复何可耐？筹思及此，热念都消，由是音息遂绝。瑞云择婿数月，不得一当，媪恚，将强夺之。一日，有秀才投贽，坐语少时，便起，以一指按女额曰："可惜，可惜！"遂去。瑞云送客返，共视额

---

① 冯庆华.实用翻译教程　英汉互译[M].上海外语教育出版社，2002.

上有指印黑如墨，濯之益真。过数日，墨痕益阔；年余，连额彻准矣。见者辄笑，而车马之迹以绝。媪斥去妆饰，使与婢辈伍。瑞云又荏弱，不任驱使，日益憔悴。贺闻而过之，见蓬首厨下，丑状类鬼。举目见生，面壁自隐。贺怜之，与媪言，愿赎作妇。媪许之。贺货田倾装，买之以归。入门，牵衣揽涕，不敢以伉俪自居，愿备妾媵，以俟来者。贺曰："人生所重者知己：卿盛时犹能知我，我岂以衰故忘卿哉！"遂不复娶。闻者又姗笑之，而生情益笃。居年余，偶至苏，有和生与同主人，忽问："杭有名妓瑞云，近如何矣？"贺曰："适人矣。"问："何人？"曰：**"其人率与仆等"**。和曰："若能如君，可谓得人矣。不知其价几何？"贺曰："缘有奇疾，姑从贱售耳。不然，**如仆者，何能于勾栏中买佳丽哉！**"又问："其人果能如君否？"贺以其问之异，因反诘之。和笑曰："实不相欺：**昔曾一觇其芳仪**，甚惜其以绝世之姿，而流落不偶，**故以小术晦其光而保其璞**，留待怜才者之真赏耳。"贺急问曰："君能点之，亦能涤之否？"和笑曰："乌得不能，但须其人一诚求耳。"贺起拜曰："瑞云之婿，**即某是也**。"和喜曰："天下惟真才人为能多情，不以妍媸易念也。**请从君归**，便赠一佳人。"遂同返杭。抵家，贺将命酒。和止之曰："先行吾法，当先令治具者有欢心也。"即令以盥器贮水，戟指而书之，曰："濯之当愈。然须亲出一谢医人也。"贺喜谢，笑捧而去，立俟瑞云自酿之，随手光洁，艳丽一如当年。夫妇共德之，同出展谢，而客已渺，遍觅之不得，意者其仙欤？

9.1.2 《瑞云》白话文译本

瑞云①

（丁如明等译白话文）

瑞云是杭州城有名的妓女，容貌才艺，盖世无双。

她长到十四岁时，妓院的老鸨蔡婆子准备叫她出来接客。瑞云请求说："这是我一生道路的开始，不能随随便便。出的价由你定，留宿的客就要听我自己选择。"蔡婆子说："好。"于是定过夜价十五两银子。

瑞云就天天与嫖客见面。求见的客一定要带见面礼：礼厚的，陪他下盘棋，送他一幅画；礼薄的，留他喝杯茶而已。瑞云的名声早已远近传扬，从这时开始，富商显贵，每日接踵上门来。

余杭县一个姓贺的书生，素有才华，很有名气，只是家境不太富裕。他一向倾慕瑞云，本不敢梦想同效鸳鸯，听得她见客了，也竭力筹措了一份薄礼，希望能一睹芳容。他暗自担心瑞云看的人多了，不把穷书生放在眼里；等到见面一谈，她却接待得很殷勤，坐着说了好久话，眉目之中含情脉脉。还作了一首诗送给他，诗中写道："何事求浆者，蓝桥叩晓关？有心寻玉杵，端只在人间。"诗里用了唐传奇"裴航遇仙"的典故：裴航在蓝桥驿讨茶水喝，看上了美丽的少女云英，向她祖母求亲，老妇人非要他找到玉杵臼为聘不可；裴航最后找到了玉杵臼，娶了云英。贺生得到这首诗，高兴得发狂，再想说些话，忽然小丫头来告诉"客到"，贺生匆忙之中就告别了。

① 丁如明，等.聊斋志异[M].上海古籍出版社，1992.

回家以后，吟赏玩味着诗中的句子，梦萦魂绕。过了一二天，情不自禁，又置办了礼金，再去见瑞云。瑞云接见他，心里着实喜欢。她把座椅移到贺生身旁，悄悄地问："你能想法子来与我欢聚一夜吗？"贺生说：**"我一个穷得没办法的书生，只有一腔痴情能献给知己。一点见面礼已竭尽微力了。能在你身边，已经心满意足；至于肌肤相亲，哪敢有这种梦想。"**瑞云听了，闷闷不乐，相对而坐，就连一句话也没有了。贺生坐了好久不出来，蔡婆子三番五次呼唤瑞云催他走，贺生只好回家。他心里十分郁闷，想倾家荡产来求得一夜之欢，可是五更过后还是要分别，那情景又怎么忍受得了？想到这里，热烈的念头全都消失，从此就断了音讯。

瑞云挑选意中人，一连几个月再得不到一个适当的人。蔡婆子很窝火，准备强迫她接客，只是还没有说出来。一天，有个秀才送了礼金，坐下谈了一会儿，就站起来，用一只手指在瑞云额头上按了一下，说道："可惜，可惜！"说完就走。瑞云送客回来，大家看到她额头留着手指印，黑得像墨汁，越洗越明显。过了几天。墨迹渐渐扩大；一年多后，从脸颊到鼻梁黑成一片。见到的人就笑，门前车马也因此绝迹了。蔡婆子斥责了她，卸去妆饰品，叫她与丫头们在一起。瑞云身子又虚弱，受不了驱使。一天比一天憔悴。

贺生听说，来探望她，见她蓬着头在厨房里干活，丑得像鬼。瑞云抬头看见贺生，脸对墙壁遮掩自己。贺生同情她，就与蔡婆子说，愿赎她做妻子。蔡婆子答应了。贺生把田地卖了，倾其所有，把瑞云买回来。瑞云一进门，拉住贺生的衣角，擦不完的眼泪，还不敢以夫妻身份自居，愿意做个小妾，好等日后再娶正妻。贺生说："人生最可贵的是知己：你走红时还能把我作为知己，我怎能因为你色衰落难的缘故忘掉你呢！"就此不再娶别的女人。听说的人都讥笑他，可他对瑞云的爱更深厚了。

过了一年多，贺生偶然到苏州，与一个姓和的秀才同在一个主人家做客，和秀才忽然问贺生说："杭州有个名妓瑞云，现在怎么样了？"贺生用"嫁人了"作为回答。和秀才又问："嫁了个什么样的人？"贺生回答说："**那人大致与我差不多**。"和秀才说："真能像你，可说得着个好丈夫了。不知身价多少？"贺生说："因为她有怪病，姑且贱卖了。不然，**像我这样的人，怎能从妓院里买漂亮的女人呢！**"和秀才又问："她嫁的男人果真能像你一样吗？"贺生因为他问得奇怪，就反问他。和秀才笑着说："实不相瞒，**以前曾见过她一面**，很可惜她以绝代的姿容而流落在妓院之地，命运不济，**所以用小法术把她的光彩隐蔽起来**，保持了她美玉般的纯洁，留着等候爱才的人去真正赏识她罢了。"贺生急忙问道："你能把她点黑，也能给她洗掉吗？"和秀才笑着说："怎么不能，不过必须娶她的人诚心诚意来求一下才行。"贺生连忙起身下拜，说："**瑞云的丈夫，就是我呀**。"和秀才高兴地说："天下只有真正的才子才能多情，不因美丑而动摇爱心。**请让我随你一同回去**，就送还你一个绝代佳人。"

于是，两个人一起返回余杭。到达后，贺生要喊瑞云备酒，和秀才制止他说："先来施展我的法术，应当先让准备酒菜的人有高兴的心情呀。"就叫贺生打了盆清水来，并拢中指和食指在水面上画了几下，说："用这盆水洗脸就能好。但是她必须亲自出来谢一下医生啊！"贺生笑着，捧着盆进去，立等瑞云洗脸，手到之处光亮洁白，艳丽完全如同当年。夫妻俩都感激和秀才的恩德，一起出来拜谢，客人却不见了，到处寻找都找不到，想来是神仙?

9.1.3 英译文本一

Ruiyun, a Famous Courtesan

（Translated by Hu Shiguang）

RUI YUN was a courtesan in Hangzhou of incomparable beauty and talents. When she reached the age of fourteen and her foster mother Procuress Cai asked her to begin receiving guests, she answered, "We should not be hasty because this is the start of my life's work. You can decide what price to ask, but you should allow me to choose the guest."

The procuress readily agreed to this and fixed her price at fifteen taels of gold. That day the girl began to entertain guests.

All who wanted to meet her had to pay some money. Those who were generous were allowed to play a game of chess with her or received one of her paintings. Those who were mean could only stay to drink tea with her. As her fame spread, many rich merchants and local gentry sought to patronize her.

Mr. He was a scholar in Yuhang County, who had gained quite a reputation for his talents, but his family was not wealthy. He had long admired Ruiyun but dared not dream of becoming her lover. Nevertheless, he scraped together a little sum in the hope that he might have a chance to admire her beauty. He was afraid that she would look down on such a poor scholar as himself, since she had seen many men of the world.

When he met her and exchanged a few words with her, she accorded him gracious hospitality. After they sat talking for a long while, exchanging mutually amorous glances, the girl composed an impromptu poem to present to him, which read:

For what purposed did the traveler
Ask for a drink at Blue Bridge?
If you are determined to find the jade pestle
You may succeed in this world.

Mr. He was overjoyed to see this poem. Just as he tried to say something, a little maid came in announcing that a new guest had come, so he had to depart in haste.

Back home, Mr. He read the poem again and again, his heart full of his love for her. Unable to stop himself, he raised some money and went to visit the brothel again. Ruiyun received him happily and, sitting beside him, asked in a whisper, "Can you manage to stay a night with me?"

"As a poor scholar, all I have is my deep love for you," Mr. He answered, "I've exhausted all my humble means to raise money necessary to meet you. Now I've seen you, my life-long wish has been fulfilled. How can I dare to dream of such good fortune?" The girl was very sad on hearing this. They sat looking at each other in silence for a long time before the procuress urged Ruiyun to meet another guest. Mr. He had to leave her and go home.

Weighed down with melancholy, he thought of using up all his resources to obtain one night's pleasure, but was anxious that he could not stand the deep sorrow of parting with her the following morning. He abandoned that idea and forced himself to break off his relations with Ruiyun.

Several months elapsed, and Ruiyun still had not chosen her first lover. The procuress became irritated by this and planned to compel her to accept a man.

One day a scholar came to the brothel and paid to meet Ruiyun. He only sat and talked a little with the girl. When he stood up to leave,he pressed one finger on her forehead and sighed, "What a pity! What a pity!"

When Ruiyun came back after she had seen her guest off, everybody saw that there was a black finger print on her forehead. The more she washed it, the blacker it became. It expanded gradually in a few days, and after a year or so it covered her nose and cheeks. Everybody who saw her laughed at her and no one patronized her.

The procuress deprived her of her beautiful dresses and ornaments and let her work as a servant. Slim and frail as she was, Ruiyun could not bear the hard work and became increasingly thin and pale.

When Mr. He heard about this,He went there and saw her working in the kitchen. She looked unkempt and ugly. When she raised her head and caught sight of him, she turned her face to the wall. Taking pity on her, he went to the procuress and told her that he would like to redeem the girl, to which the procuress at once agreed.

Mr. He sold his land and other family property to buy Ruiyun's freedom. Then he took her home. She wept bitterly and wiped her tears with her sleeve the moment they entered the door. Believing herself too ugly to be his wife, she told him that she was willing to serve as his concubine. On hearing this, Mr. He replied, "The most important thing in life is true love. You fell in love with me when you enjoyed great fame. How can I forget this, now you are in an unfortunate position?" So Mr. He made her his wife and refused to marry another. When people knew this, they all laughed at him, but he loved Ruiyun more faithfully and deeply.

After one year or so when Mr. He happened to be in Suzhou, he stayed in the same place as another scholar, who asked him, "There was a famous courtesan called Ruiyun in Hangzhou. Do you know how things are with her?"

When Mr. He told him that she had got married, he asked, "Who is that lucky man?"

"A man like myself."

"If that man is really like you, she has found the right person. Do you know how much he paid for her?"

"The price was low because something queer happened to her. Otherwise, how could a man like myself redeem such a beauty from the brothel?"

"Is it true that the man is like you?" pressed the stranger.

Sensing that the fellow was odd, Mr. He asked in reply why he was so curious to know the truth.

"I'll be frank with you," the other scholar answered with a smile, "I had the fortune to see her once and felt distressed that such an exceedingly beautiful girl like her was to become a prostitute. <u>So I used a little magic to dull her outer brightness and preserve her inner purity so that a man who loved her soul would save her.</u>"

"You were able to leave a black mark on her with your finger. But, can you remove it too?" Mr. He asked hurriedly.

"Oh. Of course! But that man must come and plead in all sincerity," the stranger replied.

Then, Mr. He prostrated himself before him and said, "<u>I'm the one who married Ruiyun.</u>"

The stranger was delighted, "Only really gifted men are full of tenderness in love and do not change their minds because of outward appearances. <u>Please take me to your home</u> and I'll restore the beauty of your wife."

They went back to Mr. He's home together. When Mr. He was going to ask his wife to prepare some wine to entertain his companion, the latter stopped him, saying, "No hurry! Let me do my magic first. She should be made happy before going to get our drinks."

The stranger asked Mr. He to pour some water in a basin. Then after drawing some magic figures in the water with his finger, he told Mr. He, "Your wife will recover as soon as she washes her face with this water. But, she should come and thank me."

Mr. He smiled and left holding the basin. He stood there while his wife washed her face. It became bright and clean the moment she washed it and she looked as dazzlingly beautiful as in the past.

They were very grateful to the sorcerer. When they came out together to thank their guest, he had disappeared. Since this man was nowhere to be found, they believed that he must be an immortal.

9.1.4 英译文本二

Courtesan Ruiyun[①]

（Translated by Denis C. & Victor H. Mair）

Rui Yun, a famous courtesan of Hangzhou, was unrivalled in beauty and accomplishments. When she was fourteen her madame, Matron Cai, was ready to bring her out to receive guests. Rui Yun told her: "I am just putting my foot onto the first rung of the ladder, and I mustn't do it haphazardly. You fix the price, Mother, and I will choose the guest myself."

"All right," said the matron. So Rui Yun's price was fixed at fifteen taels of gold, and she began to see guests daily. Guests who wished to meet her had to bring acquaintance gifts. The ones who gave generously were invited to stay for a game of chess and rewarded with a painting. Givers of trifles were only asked to tea. Rui Yun's name had been well known for sometime; now rich merchants and men of noble houses rubbed shoulders at her gate.

In Yuhang district there lived Scholar He, famed from an early age for his talent but raised in a family of only moderate wealth. He had admired Rui Yun all along, but the thought of

---

① 冯庆华. 实用翻译教程　英汉互译[M]. 上海外语教育出版社，2002.

sharing a lovebird dream with her had never entered his mind. He exhausted his funds to buy a meager gift in hopes that he too could be admitted to gaze on her beauty with his own eyes. He worried to himself that a girl on familiar terms with so many people would not be kindly disposed to one in his straitened circumstances, but when they met and talked she entertained him most graciously. They sat and conversed a good while and there was tenderness in her eyes. She gave him a poem that read:

What brings the seeker of rare elixirs
To knock on the Indigo Bridge at dawn?
If he hopes to find the pestle of jade
He should start with the ground he stands upon.

Getting this poem sent the scholar into a paroxysm of joy. He wanted to have further words with her, but he left hastily when a maid came in and announced, "A guest is here."

Back home he chanted and savored the words of the poem until his soul was lost in dreams. A few days later, unable to suppress his feelings, he readied a gift and went again. Rui Yun was very happy to see him. She moved her seat close to him and murmured, "Can you arrange to have us spend a night together?"

"Devotion is the only thing a destitute scholar like me can offer to the one who understands him. This wisp of a gift stretched my meager resources to the limit. Being near to your beauty is a wish come true already. I cannot delude myself with hopes of intimacy."

Rui Yun listened in gloomy disappointment, her face turned

wordlessly toward him. He sat there for a long time until the matron hurried him on his way by calling repeatedly for the girl to hurry him on his way. When he was back home, he moodily contemplated selling every thing in his house to pay for a night of ecstasy, but that would mean parting with her at dawn, and what would happen to his love for her then? Thinking of this dampened his passionate impulses. Henceforth communication between the two was broken off.

Rui Yun had been months choosing a "husband" ,but still she could not find the right one. The matron,who was more than a little vexed, was determined to force the issue,though she had not yet taken action. One day a bachelor of letters called with a gift, sat talking for a short time and then got up. He pressed his finger against the girl's forehead,saying: "This should be cherished," and then left. When Rui Yun came back from seeing him out, every one noticed a fingerprint as black as ink on her forehead. Washing only made its how more plainly. In a few days the inky mark started getting larger, and, in little more than a year it had spread on to her cheeks and all the way across her nose. People who saw her laughed. By this time the daily bustle at her gate had ceased. The matron stripped off her finery and jewels and put her to work with the maids. Delicate and unsuited to drudgery as she was, Rui Yun grew daily more haggard.

Scholar He heard of this and went for a visit. She was in the kitchen when he saw her, hair hanging loose and her face as frightful as a ghost's. She looked up from her work and saw him there, then turned to the wall to hide her face. He felt sorry for her. He told the matron he would buy her freedom and make her his wife. The matron assented. By selling some land and emptying his strong box, he was able to take her home. Once inside the gate she wiped the tears from her eyes on her robe. She did not consider herself his marital partner and wanted to serve as a maid or concubine to leave a place for his future wife.

He said, 'The most valuable thing in life is an understanding friend. You understood me for what I was when you were in your prime of beauty. I am not going to forget you just because that has faded."

He did not marry anyone else. Everyone who heard of this ridiculed him, but his affection only grew stronger. Nothing changed for over a year, until he happened to go to Suzhou. He stayed there in the same house with a certain Scholar Harmony, who suddenly asked him: "There was a famous singing girl in Hangzhou named Rui Yun. How are things with her these days?"

"She married somebody," answered Scholar He. "Who was that?"

"A person very much like me."

"If he is like you, she found herself a good husband. I wonder how much he paid for her."

"She was sold cheaply because of a strange affliction she had. Otherwise, how could someone like me have found a beautiful mate inside the balustrades of the gay quarters?"

"Could that person really be like you?" The strangeness of

the question made Scholar He ask the meaning of it.

Scholar Harmony laughed: "I won't mislead you. When I was admitted to her flowerlike presence, I felt sorry that such a sublime beauty should sink to the depths unmated. So I used a minor trick to dim her radiance and preserve her true nature, and to leave her for the discernment of a lover of beauty."

Scholar He hurriedly asked, "You were able to mark her with a touch. Are you able to wash it clean as well?"

"Why shouldn't I be able to?" laughed Harmony. "But the party concerned must ask from the heart."

He got up and sank on his knees, saying: "I'm the one who married Rui Yun." "In this world only people of true ability can feel deeply for others, because their affections are not swayed by physical appearance," said Scholar Harmony approvingly. "I'll return with you, if I may, and deliver a beautiful woman into your hands."

So they went back together. Scholar He was going to call for wine on their arrival, but Harmony stopped him: "Let me practice my art first. I'd like to give the server something to be glad of before we start enjoying ourselves."

Harmony asked for a basin filled with water, then traced words over its surface and said, "Washing will cure her, but the patient must come out to thank the doctor personally." Scholar He laughed as he carried the basin in with both hands. He stood waiting while Rui Yun laved her face. As hands swept over her face, it grew radiant and clean. She was just as ravishingly beautiful as before. Both husband and wife appreciated the great kindness Scholar Harmony had done them. They came out to express their thanks, but he was gone. They looked every where without success. Could Scholar Harmony have been an immortal?

9.1.5 英译文本三

Ruiyun^①

（Translated by Ding Wangdao）

Ruiyun was a famous courtesan in Hangzhou whom no one could match in beauty and talents. When she reached the age of fourteen, her foster mother, Procuress Cai, asked her to entertain guests. "Mother," said Ruiyun, "we should not be rash since this will be the beginning of my Life，北京：外语教学与研究出版社，You can demand what ever price you want from each guest, but let me decide who can stay for the night." The procuress readily agreed and decided to charge fifteen taels of silver for one night with the girl. Then Ruiyun began to receive guests.

All the guests who came to see her had to pay some money. Those who paid generously were allowed to play a game of chess with her or given one of her paintings；those who came with a small sum of money could only stay for a cup of tea with her. As her fame rose gradually, Ruiyun was visited every day by throngs of rich merchants and local gentry.

Mr. He from Yuhang was a well-known literary genius, but

---

① 冯庆华. 实用翻译教程　英汉互译[M]. 上海外语教育出版社，2002.

his family was not wealthy. He had long admired Ruiyun. One day, after scraping together a little money, he went to visit her, not intending to stay for the night, but hoping to have a chance to feast his eyes on her beauty. He had been privately worried that the courtesan might give a poor scholar like him a cold reception since she was patronized by the rich every day, but after he met her and exchanged a few words with her, he found himself treated with special hospitality. The girl sat charting with Mr. He for a long while and frequently cast amorous glances at him.Then she composed a short poem which read:

> *Why at Blue Bridge Town*
> *Stopped the wine-seeker?*
> *If you are after the jade pestle*
> *You may find it here.*

Mr. He was overwhelmed with joy to read the poem. He was about to say something when a young maid came in to announce the arrival of another guest. He had no choice but to leave in haste.

At home, Mr. He could not help reading the poem again and again. He thought of nothing but the girl and dreamed of her almost every night. Several days passed and his longing for Ruiyun became so unbearable that he prepared some money and visited the brothel again. Ruiyun was delighted to see him. While they were talking, she moved a little closer to him and asked in a whisper, "Can you manage to stay a night with me?" "My dear," said Mr. He, "a poor scholar like me has nothing but deep love to give to a fine friend. The money I paid to see you has exhausted nearly all my resources. I am more than content to see you in person. How dare I dream of spending a night with you?" Ruiyun was quite depressed at Mr. He's words, and the two sat facing each other in silence for a long time. The procuress urged Ruiyun many times to receive other guests, so the scholar sadly took his leave.

Mr. He was so much in melancholy and torment that he wanted desperately to spend one night with the girl, even by exhausting all he had. On second thoughts, however, he gave up the idea for he knew he would never be able to bear the sadness of leaving her the next morning. So he forced himself to forget the girl and stopped going to the brothel altogether.

Meanwhile Ruiyun was selecting her man. Several months passed and she still had not made her choice. The procuress, irritated, harboured the idea of compelling her to accept a guest.

One day, a scholar paid to see Ruiyun. He sat only for a very short time before he stood up and pressed the girl's forehead with one finger and said, "What a pity!" And he left. Ruiyun saw the guest off to the door. When she returned, people noticed that there was a finger-print on her fore head as dark as ink. The more she washed it, the darker it became. What was worse, it became larger in a few days and after a year or so the dark area covered even her cheeks and nose. She was therefore laughed at by every beholder, and of course no one bothered to come and visit her any more.

The procuress then deprived her of beautiful dresses and

ornaments and forced her to work as a maid. A frail creature, Ruiyun could not bear the toil and became increasingly wan and sallow. When Mr. He learnt this, he went to the brothel, where he saw the girl working in the kitchen. She looked sloppy and ugly, and her face was simply monstrous. The girl accidentally raised her head and saw him. She immediately turned her face to the wall to escape his eyes.

Pity filled Mr. He's heart. He went in and told the procuress that he would like to redeem the girl and marry her. The procuress readily assented to this. Mr. He sold his land and other property and bought Ruiyun's freedom. When they arrived at He's home, Ruiyun cried in gratitude. She begged to be treated as a concubine so that he could have another woman as his wife. To this Mr. He replied, "The most important thing in one's life is true love. You loved me when you were in prosperity; you deserve to be loved when you are in adversity." So he firmly refused to have another wife. Those who heard about this scoffed at He, but he treated Ruiyun with devotion and love.

A year afterwards, Mr. He made a trip to Suzhou, where he happened to be staying in the same inn as a man called Ho. One day the latter asked him, "I heard there is a famous courtesan in Hangzhou called Ruiyun. How are things with her now?" When Mr. He replied that the girl was married, his friend requested to know who the lucky man was. "A man like myself." said Mr. He. "If that is the case," remarked Mr. Ho, "Then she has married the right man. But could you tell me how much he paid to redeem her?" Mr. He answered, "A bizarre malady reduced her price. Otherwise, how could a man like me have afforded to buy such a beauty from a brothel?" Hearing this, Ho said, "Is her husband really as good as you are?" Thinking that the question was a little strange, He did not reply but asked the man why he was so concerned about the matter. " Excuse me for my frankness," smiled Ho. "I once had a chance to meet her and felt quite disturbed that such a great beauty had become a prostitute. So with a little magic, I made her look ugly, So that her outer beauty was covered whereas her inner purity was preserved for the man who had real love for her."

Now Mr. He asked anxiously, "You put on her face a dark spot. I suppose you can also remove it. Is that so?" "Why not?" answered Ho, still smiling, "But the man himself has to come and make the request himself in all sincerity!" Mr. He rose from his seat and bowed to his friend, admitting that he was no other than Ruiyun's husband. Ho was delighted. He said to Mr. He, "Only a true scholar has genuine love, which never changes whether his woman looks adorable or horrible, let me go with you to your home and present you with a beauty."

So they went to Mr. He's house. On their arrival, Mr. He was to ask his wife to prepare food and wine to entertain Ho. But the latter stopped him, saying, "Let me show my magic first. Then our cook will be happy when she is cooking for us." He asked Mr. He to fill a basin with water, and then wrote words in it with one of his fingers. When this was done, he told Mr. He that Ruiyun would regain her beauty as soon as she washed her face with the water. "But she must come out after that to thank her doctor personally," he added. Mr.He answered with hearty laughter and took the basin into his wife.

Ruiyun washed her face in the basin, her husband standing by her watching. As her wet hands touched her face, the dark spot receded. In a moment there stood in front of Mr. He's eyes the Ruiyun of the old days, beautiful and fresh like a flower. With deep gratitude, the couple came out to thank their guest, only to find him gone. All efforts to find him failed. Only then did they realize that this Mr. Ho was an immortal.

9.1.6 英译文本四

The Girl Protector[①]

（Translated by Guo Lin and others）

Ruiyun was a prostitute in Hangzhou. She was known for her beauty and artistry.

When she was fourteen, the madam wanted her to serve the brothel visitors. Ruiyun pleaded: "It's going to be the beginning of my career and I should have a proper start. You can fix the rates, but I will select the guests I serve." The madam agreed to this and fixed the price at fifteen taels of silver per night.

Ruiyun met with guests every day. Those asking for her service were expected to bring gifts. Whoever brought the most

---

① 冯庆华. 实用翻译教程　英汉互译[M]. 上海外语教育出版社，2002.

expensive gifts was allowed the pleasure of her company. She would play chess with him, and present him with a painting. Those who brought less expensive presents were only offered a cup of tea and were then dismissed. Ruiyun's reputation began to spread far and wide, and those with money lined up to visit her.

A scholar named He from Yuhang County was a very gifted person, but his family was poor. He was also attracted to Ruiyun, but did not dare to think of spending a night with her since he did not have that kind of money. However, learning that she was seeing a great number of different people, he could not sit idle. He prepared some simple gifts in the hope of meeting her, even just for a little while. Before they met, he was afraid that she would look down upon a poor scholar like himself, but it turned out that she treated him kindly and talked a great deal with him, viewing him with loving eyes. She even wrote him a poem in which she used allusions to suggest her love for him. Mr. He was beside himself with joy. Just then, a maid came in, reporting that another guest had arrived. Reluctantly, Mr. He left.

At home, the scholar read the poem and was mesmerized by the words. A day or two later, he put together some money and went to see Ruiyun. The girl was delighted to see him too. She moved her seat near his and whispered: "Can you find a way to spend a night with me?" The scholar said: "I'm too poor to afford it and all I have is my devotion and love for you. To get together the gifts was difficult enough for me. And I'm happy enough to be together with you. I have never dared to dream of going to bed with you." Ruiyun was saddened by the answer and the two sat there saying nothing. The madam urged Ruiyun to send the scholar off. Although he left totally dejected, he was determined to find the money to pay for a night with her. On second thought, however, he realized it would have been even harder to part with her in the morning if they had spent the night together. At that thought, he gave up the hope of ever seeing her again, and indeed the two heard nothing from each other for a long while.

Ruiyun was very choosy in picking guests to spend the night. For several months, not a single man was allowed to stay. The madam grew angry and was ready to force her into a relationship. One day, a scholar of the rank of *xiucai* came with gifts. After talking for a while, he stood up and pressed a finger to Ruiyun's forehead,saying: "It's really a big pity!" After seeing him off, Ruiyun was told by people in the brothel that there was a fingerprint on her forehead as black as ink. The more she washed, the darker it became. The dark print grew larger several days later. By the end of the year, Ruiyun's nose and cheeks had become a large black patch. People laughed at her, and guests stopped visiting her. The madam told her to stop wearing make-up and started her working as a maid. Ruiyun was physically weak to begin with and could hardly bear being ordered about. She grew weaker and looked increasingly haggard.

When Mr. He heard this, he rushed to see her and found her working in the kitchen, frail and ugly. When Ruiyun saw him, she turned to face the wall and evaded his looks. Mr. He was very sympathetic and told the madam that he would buy Ruiyun and make her his wife. The madam immediately agreed. The scholar sold his land along with everything else he owned, making enough money to free Ruiyun from the brothel. At his home, Ruiyun was still too dejected to be his wife. Crying, she said she would serve him as his concubine, so that later on he could marry a proper wife. Mr. He told her: "The most important thing in one's life is to meet somebody with whom you can share your thoughts. When you were doing fine, you did not look down upon me, how can I forget you simply because you've lost your beauty?" He said he would not marry again in his life time. Many people laughed at Mr. He, but his love for Ruiyun grew even more.

A year later, Mr. He was in Suzhou and met with a scholar whose family name was Xiu. Mr. Xiu asked him: "In your city of Hangzhou, there was a famous prostitute called Ruiyun. How is she doing these days?" Mr. He told him: "She's married." Mr. Xiu pressed on: "Whom did she marry?" "Well, the man is pretty much like me," was the answer. Mr. Xiu remarked: "If he is like you, then he must be a good husband. I wonder how much he had to pay?" Mr. He told him: "She caught some strange disease and was sold cheaply. Otherwise, how can a man like me afford such a beauty from a brothel?" Mr. Xiu asked again: "Is her husband really someone like you?" Mr. He told him this was a very strange question and pressed for what was really behind the question. Mr. Xiu smiled and said: "To tell you the truth, I met her once and thought it was unfortunate she had landed in a brothel. So I used a little trick to cover up her real beauty, helping maintain her pure heart in the hope that one day a man who really appreciated her would marry her." Mr. He asked eagerly: "Well, if you made her black, can you remove the mark?" The scholar laughed: "Of course I can do it, so long as the man who loves her comes and asks me to." Hearing that, Mr. He stood up and bowed, saying: "I'm Ruiyun's husband." Mr. Xiu was very happy to hear it and told Mr. He: "Only a man of great mind knows true love and is not swayed by physical beauty. Let me go with you and return to you a rare beauty of the world!"

So the two men returned to Yuhang. Mr. He told his wife to prepare a meal, but Mr. Xiu stopped him, saying: "Let me perform my trick first so that you will prepare the meal happily." Mr. Xiu then told Mr. He to bring him a basin of water and he drew something on the water with his second and third fingers, saying: "Tell your wife to take this basin and wash her face, and then she has to come out and thank me in person." Mr. He readily took the basin inside and watched as his wife washed with the water. Wherever she touched with her wet hands, her former beauty returned. Grateful to Mr. Xiu, both the husband and wife came out to the living room to thank him. To their surprise, the man was gone. He must have been an immortal!

9.2　谦辞的篇章翻译分析

从以上篇章中不难发现，在蒲松龄的古代汉语原文中存在如下的自谦词（辞）和短语，如"奴""仆""某""穷蹙之士""一觇芳仪"；以及句子和段落，如"请从君归""以小术晦其光而保其璞""如仆者，何能于勾栏中买佳丽哉！""一丝之赘，已竭绵薄。得近芳容，私愿已足；若肌肤之亲，何敢作此梦想"等。

而在丁如明等所作的白话文译文和丁望道等所作的英语译文中，不同的译者分别根据他们各自的理解认识、翻译重点、语言偏好和翻译目的而在译文中有了取舍。以下做个详细比照。

古文原文：奴

白话译文：我

英语译文1：my, me

英语译文2：I, myself

英语译文3：my, me

英语译文4：my, I

古文原文：穷蹙之士，惟有痴情可献知己。一丝之赘，已竭绵薄。得近芳容，私愿已足；若肌肤之亲，何敢作此梦想。

白话译文：我一个穷得没办法的书生，只有一腔痴情能献给知己。一点见面礼已竭尽微力了。能在你身边，已经心满意足；至于肌肤相亲，哪敢有这种梦想。

英语译文1：As a poor scholar, all I have is my deep love for you, I've exhausted all my humble means to raise money necessary to meet you. Now

I've seen you, my life-long wish has been fulfilled. How can I dare to dream of such good fortune?

英语译文2：Devotion is the only thing a destitute scholar like me can offer to the one who understands him. This wisp of a gift stretched my meager resources to the limit. Being near to your beauty is a wish come true already. I cannot delude myself with hopes of intimacy.

英语译文3：A poor scholar like me has nothing but deep love to give to a fine friend. The money I paid to see you has exhausted nearly all my resources. I am more than content to see you in person. How dare I dream of spending a night with you?

英语译文4：I'm too poor to afford it and all I have is my devotion and love for you. To get together the gifts was difficult enough for me. And I'm happy enough to be together with you. I have never dared to dream of going to bed with you.

古文原文：其人率与仆等。

白话译文：那人大致与我差不多。

英语译文1：A man like myself.

英语译文2：A person very much like me.

英语译文3：A man like myself.

英语译文4：Well，the man is pretty much like me.

古文原文：如仆者，何能于勾栏中买佳丽哉！

白话译文：像我这样的人，怎能从妓院里买漂亮的女人呢！

英语译文1：How could a man like myself redeem such a beauty from the brothel?

英语译文2：How could someone like me have found a beautiful mate inside the balustrades of the gay quarters?

英语译文3：How could a man like me have afforded to buy such a beauty from a brothel?

英语译文4：How can a man like me afford such a beauty from a brothel?

古文原文：昔曾一觌其芳仪。

白话译文：以前曾见过她一面。

英语译文1：I had the fortune to see her once.

英语译文2：When I was admitted to her flowerlike presence.

英语译文3：I once had a chance to meet her.

英语译文4：I met her once.

古文原文：故以小术晦其光而保其璞。

白话译文：所以用小法术把她的光彩隐蔽起来。

英语译文1：So I used a little magic to dull her outer brightness.

英语译文2：So I used a minor trick to dim her radiance.

英语译文3：So with a little magic，I made her look ugly.

英语译文4：So I used a little trick to cover up her real beauty.

古文原文：即某是也。

白话译文：瑞云的丈夫，就是我呀。

英语译文1：I'm the one who married Ruiyun.

英语译文2：I'm the one who married Rui Yun.

英语译文3：Admitting that he was no other than Ruiyun's husband.

英语译文4：I'm Ruiyun's husband.

古文原文：请从君归。

白话译文：请让我随你一同回去。

英语译文1：Please take me to your home.

英语译文2：I'll return with you，if I may.

英语译文3：Let me go with you to your home.

英语译文4：Let me go with you.

以上，经过对比分析，可以发现：

（1）汉语中的自谦称谓，尤其是古汉语中表达尊卑观念、阶级级别的谦称，如奴、仆、某等，随着语言的发展，已经退出了历史舞台，无论是在现代汉语还是现代英语中一般都不再进行对等翻译。

（2）由谦辞素或词素构成的合成词或自谦短语，如小术、穷蹙之士、一丝之赘、一觐芳仪等，一般多采用否定词、贬义词的形式进行直译和忠实翻译。

（3）通过语言结构或者具体语境来表达自谦含义的句子或段落，如"如仆者，何能于勾栏中买佳丽哉！""一丝之赆，已竭绵薄。得近芳容，私愿已足；若肌肤之亲，何敢作此梦想"；一般宜采用语义翻译法进行等效或者部分等效翻译。

当然，在部分译者的译文中，如上面的译文4，许多谦辞的语义信息在译文中已经难寻踪迹了。除了由于个别谦辞无法或很难翻译外，很大一部分原因是译文的作者都或多或少地使用了交际翻译或者意译的方法。

第10章 结 论

10.1 主要发现

在本书中，笔者首先将研究的主题进行了界定和分类，并通过文献回顾的方式介绍了研究的背景。研究的主要内容涉及汉英谦辞的比较与对比，并就林语堂的部分英文作品展开语料分析，书中还着重探讨了汉英谦辞的对等翻译问题。在许余龙教授的对比语言学观点的指引下，引用定性分析和定量研究，对两种不同语言的抽样文本和语料素材进行评估。而为了保证相关研究的科学性，笔者也引用和借鉴了一些相关的翻译理论，具体包括：纽马克的语义翻译理论、文本翻译类型的观点以及奈达的功能对等理论和其他的有关翻译与文化的观点和看法等。

接下来，笔者通过有关实例详细分析了不同的方法和策略在谦辞翻译过程中的具体应用。经过验证，发现那些认为谦辞是无法翻译的传统观点是错误的，或者至少是不科学的。通过对所选文本的缜密分析，确认实现谦辞在语义和语用方面的对等翻译是完全可行的。根据研究结果，最终发现：以直译和忠实翻译为代表的语义翻译法对实现谦辞的有效翻译具有重要指导意义和参考价值；而林语堂在谦辞翻译过程中使用的否定词、贬义词和特殊句子，也为翻译人员进行谦辞的相关翻译提供了有益借鉴。

10.2 研究的意义和价值

在全球化的时代，有关文化和文化特色词的语言研究和翻译研究，其本身即具有积极的实际意义。

（1）本研究是有关谦辞和谦辞翻译的系统性研究

随着跨国交流的发展和学术研究的繁荣，有关不同语言和文化间的差异性和相似性的研究日渐丰富。但是，遗憾的是，有关谦辞的研究和成就却十分有限，涉及谦辞翻译的研究就更少。本书的研究目的在于，通过对谦辞的全面分析，以期就谦辞的翻译问题建立起一个大致的整体框架。在研究过程中，笔者具体讨论了谦辞的翻译理论和实践，并对有关的谦辞语句进行了深入的对比分析。

（2）本研究对谦辞的翻译策略作出了积极探索

研究的最终目的往往在于解决实际问题。因此，在本书中，我们按照研究的设想安排进行逐步分析，并最终对如何实现谦辞的等效翻译作出积极探索。书中突出强调了在谦辞翻译过程中合理运用直译手法的重要性。在实际分析过程中，还充分评估了一些主要的翻译方法和策略。所有这些都可以看作繁荣相关学术研究的有益探索和尝试。

（3）本研究是对林语堂作品的全新分析

书中的所有观点和论述都建立在前人研究成果的基础上，有关林语堂作品的论述也不例外。作为一位杰出的学者和作家，林语堂及其在翻译理论和实践领域的杰出贡献曾经因为特殊原因而没有得到公正的探讨和对待。但在本书中，笔者试图从一个全新的角度去重新审视林语堂先生的作品和他在翻译领域的成就——主要从语言学和翻译学的角度而不是从文化价值的角度给予林语堂先生以高度的肯定，这是有别于先前研究的不同之处。

（4）本研究为语言教学和跨文化研究提供新的视角

很显然，所有的语言教育和跨文化交际都是以特定文化为中心的。因此，作为特殊的文化负载词，谦辞和谦辞翻译也是教学实践和实践交流中绕不开的话题。先前有关汉语称谓语的研究和讨论一般都局限于礼貌原则的应用或者是不同语言的差异分析。鲜有文章围绕着谦辞及其翻译问题来展开讨论，因此，本研究可以看作为语言教学和跨文化研究提供了一个新的话题和视角。

10.3　研究的局限和建议

诚然，笔者研究的初衷是试图在翻译学的发展过程中接触到一些新的内容。通过具体应用对比分析的方法，本书有望能吸引到一些新的关注并引起有关人士对相关问题的关注和研究兴趣。尽管笔者只是针对谦辞作了一些肤浅分析，其他研究人员却有可能因此对其进行深入探索，进而在翻译实践领域，尤其是汉英翻译领域，填补一些新的空白。

尽管本书的研究有望就谦辞的翻译得出一般性的结论，并试图进一步探讨文化词在翻译过程中的有效策略和方法，但研究本身的缺陷和不足仍然十分明显。这主要表现为研究的方法还不完善、数据分析不够全面、参考资料短缺以及作者个人学术能力和专业知识水平有限等。书中也有部分观点和看法还仅限于对研究过程和研究结果的表层描述，尚缺乏足够的理论分析和专业论证。

（1）在研究方法方面

抽样分析尽管强调了文本资料的选择，从严格意义上说，它还是很难代替人们对谦辞做出全面、彻底的研究。抽查的样本只是研究对象在某个方面或某种程度上的部分反映。正如前面所提到的，本书中所作的分析研究主要还是侧重于从源语言的角度来分析翻译效果，却未曾探讨目标语言受众可能做出的反应。同时，由于研究主体的参考资料有限，这也必然降低了笔者进行定量分析的效果，而定量分析正是本研究采用的重要研究方法之一。

（2）在文本选择方面

尽管相关的文本资料是顺利进行谦辞研究的重要基础和关键，但笔者在这里讨论的所有文本事实上都属于"Corpusbased Data"（实例语料）。按照许余龙博士的观点，它们本质上就存在一定的缺陷。另外，本书的分析也过多强调了林语堂先生的作品内容，这显然也对谈论谦辞的多样性问题带来了负面影响。林语堂先生的写作模式、翻译原则甚至是他的遣词造句无不反映在所选文本的字里行间，这些也对本书的研究产生了影响。同样，所选文本的类型方面也仅仅局限于小说和散文等特定类型，即纽马克所说的"表达型文本"，语料选择的范围相对比较狭窄。

（3）在作者本人方面

从某种程度上说，文本的选择和研究者的个人兴趣和爱好有关。研究中的许多谦辞句都摘自相关的文本资料，它们基本都是研究者个人主观筛选的结果。因此，研究者本人的学术素养和知识水平就成为研究成功与否的一个关键因素。由于作者本人的能力和水平有限，错误浅陋之处在所难免。

（4）未来研究的意见与建议

研究的整体设计突出强调了谦辞在特定文本中的有效翻译问题。书中的大多数例子都是以字词或者句子的形式出现，因此，对篇章结构的讨论较少。有关谦辞的研究可以进一步拓展，尤其是针对不同风格、不同类型的文本更是如此；而有关谦辞的研究范围也可以进一步扩展；同样地，更多的翻译理论和语言学观点和主张也应当一并纳入考虑，以促进相关问题的深入分析和探讨；而在研究方法上，如果能够运用基于数理统计的定量分析法，无疑会加强相关研究的假设验证和观点总结。

以上，就是本次研究的主要内容。

附 录

附录1 有关谦辞研究的部分学术论文与著作

　　下面是有自谦（语）、谦让语和敬谦词（辞）的主要文献目录，资料引用来源：中国知网期刊数据库、中国知网优秀硕博士论文数据库和读秀学术搜索。

A. 期刊论文

[1]　周方方. 从日常礼俗用语看中西文化的价值取向[J]. 湖北广播电视大学学报，2007（08）：116-116.

[2]　王长羽，陈倩. 英汉礼貌差异与礼貌翻译策略[J]. 河北理工大学学报（社会科学版），2007（03）：155-157.

[3]　柳娜. 日语职场敬语使用之探索[J]. 黑龙江教育学院学报，2007（11）：152-154.

[4]　万玉兰. 从心理文化的视角看译文信息的差异[J]. 江西社会科学，2007（12）：182-186.

[5]　郭希苗. 对《京华烟云》的语用分析[J]. 科技信息（学术研究），2008（32）：92-93.

[6]　饶斌. 汉英回应赞美语策略差异及原因分析[J]. 四川理工

学院学报（社会科学版），2009（03）：103-105.

[7] 张忠慧. 英汉礼貌用语的语用对比分析[J]. 甘肃科技纵横，2009（05）：138-138.

[8] 徐雪梅. 礼貌原则下的英汉敬谦称谓语系统[J]. 内蒙古农业大学学报（社会科学版），2009（05）：368-371.

[9] 张忠慧. 英汉礼貌用语的语用对比[J]. 河北理工大学学报（社会科学版），2010（02）：125-125.

[10] 朴锦海. 汉韩礼貌表达对比[J]. 延边教育学院学报，2010（03）：26-30+33.

[11] 刘宏丽. 敬谦辞浮沉与文化变迁[J]. 宁夏社会科学，2007（1）：136-138.

[12] 刘宏丽. 关注成人敬谦辞运用的得体性——由敬谦辞的误用所想[J]. 中国成人教育，2007（5）：166-167.

[13] 刘宏丽. 明清敬谦语的语义组合规则[J]. 中国海洋大学学报（社会科学版），2010（04）：111-114.

[14] 刘宏丽. 明清时期与亲属称谓有关的敬谦语[J]. 伊犁师范学院学报（社会科学版），2010（03）：108-111.

[15] 刘宏丽. 中国传统礼文化与敬谦语传播关系研究[J]. 河南大学学报（社会科学版），2010（05）：128-132.

[16] 刘宏丽. 明清时期表达敬谦的书写形式[J]. 山东省农业管理干部学院学报，2010（04）：147-148.

[17] 祖利军.《红楼梦》英译的若干问题研究[J]. 外国语言文学，2010（04）：268-276+285.

[18] 赵宁. 英汉礼貌准则差异与翻译[J]. 中国民航学院学报，2003（05）：55-59.

[19] 廖燕春. 论英汉礼貌用语的语用差异[J]. 湖南经济管理干

部学院学报，2004（04）：120-121.

[20] 钱惠英. 汉语敬谦修辞及其文化影响[J]. 无锡商业职业技术学院学报，2005（01）：89-91.

[21] 刘宏丽. 明清时期的语用敬谦手段[J]. 济南大学学报（社会科学版），2011（01）：50-54.

[22] 黎冬芹. 英汉社交指示语的语用对比分析[J]. 科教导刊（中旬刊），2011（05）：245-245.

[23] 刘宏丽. 明清副词性敬谦语素的语用语义分类[J]. 聊城大学学报（社会科学版），2011（03）：65-70.

[24] 刘宏丽. 敬谦语视野下传统敬谦文化的特点[J]. 中国海洋大学学报（社会科学版），2011（05）：95-97.

[25] 李霞. 从礼貌原则看中西方文化差异[J]. 长江大学学报（社会科学版），2012（03）：168-168.

[26] 赵雄. 从礼俗看中美文化差异[J]. 湖北大学成人教育学院学报，2002（03）：58-59.

[27] 庞好农. 社交指示语的文化渗透[J]. 重庆教育学院学报，2000（03）：36-38.

[28] 李露蕾. 小、大类推之误——敬谦词运用之难[J]. 修辞学习，2004（4）：78.

[29] 刘芳. 英汉委婉语语用功能的对比研究[J]. 才智，2012（29）：125 - 125.

[30] 王泽鹏.《现代汉语词典》的敬谦辞[J]. 辞书研究，1993（3）：98-105.

[31] 常敬宇. 也谈称父母的谦词问题[J]. 汉语学习，1999（1）：3-5.

[32] 杨莉. 敦煌书仪《问疾书》的语言表现[J]. 青海民族学院

学报，2009，35（1）：125-130.

[33] 肖家燕，刘泽权.被扭曲的中华称谓——《红楼梦》尊他敬语五种英译之比较[J].外国语文，2009，25（6）：51-56.

[34] 王旭明.《学会邀请》教学实录[J].语文建设，2017（01）：71-76.

[35] 杨遗旗.应答语"哪里（儿）的话"虚化研究[J].汉语学习，2017（03）：51-61.

[36] 毛江华，魏炜，廖建桥，景珍思.不同胜任力水平下大学生自谦归因对他人评价的影响[J].心理发展与教育，2017，33（05）：554-560.

[37] 吴怀东.杜甫《偶题》"文章千古事，得失寸心知"释证[J].吉林大学社会科学学报，2019，59（01）：156-167+223.

[38] 赵丕杰."抛砖引玉"是谦辞[J].青年记者，2019（12）：76-77.

[39] 韩新红.基于《酒店礼宾员》的日语敬语动词定量考察及其教学启示[J].西安外国语大学学报，2019，27（02）：108-113.

[40] 陈红燕，陈昌来."客气"类谦辞构式的构式化与功能演化[J].当代修辞学，2019（04）：48-61.

[41] 全纪宇.网络谦辞——"弱弱"[J].语文建设，2010（11）：43-44.

[42] 冯明，李聪.国有企业员工印象管理与职业生涯成功的关系研究——政治技能的调节作用[J].中国软科学，2010（12）：115-124.

[43] 毋育新，玉冈贺津雄，宫冈弥生.基于通径分析的日语

敬语习得影响因素研究[J].外语教学，2011，32（04）：36-40.

[44]　王刚."君子"的委婉意义阐释[J].兰台世界，2012（01）：57.

[45]　黄裳.《来燕榭文存二编》[J].读书，2012（01）：31.

[46]　李彦姝.贾平凹谦辞中的退与进[J].小说评论，2020（04）：160-172.

[47]　李丹.韩国语汉源汉字敬谦语素的"大、小"空间文化思维[J].延边大学学报（社会科学版），2013，46（03）：72-75+108.

[48]　覃思远.语用学视角下日语的待遇表现：以敬语中的自谦语为中心[J].学术交流，2013（S1）：146-147.

[49]　徐红.古代君主自谦词流变考证——以诏令为考察对象[J].江西社会科学，2013，33（12）：128-132.

[50]　2013全国会计前沿问题高层论坛在南京财经大学举行[J].会计之友，2013（36）：2.

[51]　心路历程[J].领导科学，2014（01）：61.

[52]　高雅静，赵志岗.体育类学术期刊论文题名拟定探究[J].山东体育学院学报，2014，30（04）：48-51.

[53]　赵丕杰.不要谦敬错位[J].青年记者，2015（07）：67-68.

[54]　廖名春.《大学》篇四考[J].社会科学，2016（02）：137-144.

[55]　吴德绳."匠人"情怀[J].暖通空调，2016，46（04）：115.

[56]　毕星星.不要以贱称自许[J].领导科学，2016（12）：32.

[57]　赵丕杰."绵薄之力"是谦词[J].青年记者，2020（21）：68.

B. 硕博士学位论文

[1] 李清花. 自谦策略跨文化对比研究[D].扬州大学，2008.

[2] 李志奎.《续金瓶梅》称谓词研究[D].山东大学，2008.

[3] 王乌兰.《水浒传》的敬谦词语研究[D].内蒙古大学，2008.

[4] 桂徐贵. 汉英谦辞的对比研究与翻译[D].上海外国语大学，2008.

[5] 张小妍.《儒林外史》杨宪益译本中敬谦语翻译的研究[D].大连海事大学，2009.

[6] 张虹. 中美跨文化交际过程中动态模式及其根源研究[D].内蒙古大学，2009.

[7] 李婧. 印象管理视角下汉语中的谦虚[D].山西大学，2010.

[8] 李华颖.《镜花缘》称谓词研究[D].山东师范大学，2011.

[9] 袁洁.《儒林外史》委婉语研究[D].河北大学，2011.

[10] 王胜男. 语言中的替代现象与代词的替代功能研究[D].广西大学，2012.

[11] 惠敏. 英汉敬谦语跨文化对比研究[D].山东师范大学，2001.

[12] 张红霞. 现代汉语修辞造词考察[D].四川大学，2004.

[13] 万枫. On Japanese Honorific[D].南京农业大学，2005.

[14] 贺丽华.《红楼梦》对话英译的语用分析[D].华东师范大学，2006.

[15] 周维维. 汉语标题谦辞规范初探[D].曲阜师范大学，2006.

[16] 孙雁."介绍"言语行为的跨文化研究[D].广西师范大学，2006.

[17] 孙芙蓉.英汉语言学专著自序语篇的宏观结构对比研究[D].吉林大学，2007.

[18] 苏静.汉语称谓语的泛化[D].中国海洋大学，2003.

[19] 张彦群.跨文化交际中的语用失误及原因分析[D].陕西师范大学，2002.

[20] 唐英.英汉否定的语用对比研究[D].华中师范大学，2004.

[21] 福井启子."'少量'意义表达"的礼貌功能[D].吉林大学，2004.

[22] 谢燕琳.《歧路灯》称谓研究[D].西北师范大学，2006.

[23] 闻莉.中英礼貌语言的对比研究[D].四川师范大学，2007.

[24] 艾如兰.《红楼梦》中指示行为的研究[D].太原理工大学，2007.

[25] 何荣辉.中国英语学习者恭维语及其应答的策略研究[D].湘潭大学，2007.

[26] 吴仕婷.派生词前缀"小"的语义之研究[D].吉林大学，2008.

[27] 张浩.汉英尊敬表达方式的比较研究[D].山东大学，2010.

[28] 翟小华.日本职场中女性的敬语表现[D].山西大学，2011.

[29] 岳曲.对外汉语教学中跨文化交际语境下的语用失误研究[D].东北师范大学，2011.

[30] 庞彩.《现代汉英词典》与《现代汉语词典》情态陪义标注比较研究[D].山东师范大学,2012.

[31] 叶雯雯.对外汉语口语教材(初、中级)的敬词研究[D].华中师范大学,2012.

[32] 刘维.元杂剧称谓词研究[D].渤海大学,2012.

[33] 刘宏丽.明清敬谦语研究[D].山东大学,2009.

[34] 潘震.中国传统情感英译研究[D].华东师范大学,2011.

C. 学术专著

[1] 刘金才,著.敬语[M].北京:外语教学与研究出版社,1998.

[2] 常敬宇,著.汉语词汇与文化[M].北京:北京大学出版社,1995.

[3] 常敬宇,编著.汉语词汇文化[M].北京:北京大学出版社,2009.

[4] 于德全,张旭,主编.高校外语教学与研究 第1辑[M].长春:吉林人民出版社,2005.

[5] 赵博源,著.汉日比较语法 中日比较文法[M].南京:江苏教育出版社,1999.

[6] 鲁宝元,著;(日)神里常雄,译.汉语与中国文化 汉日对照本[M].北京:华语教学出版社,2000.

[7] 杨德峰,编著.汉语与文化交际[M].北京:商务印书馆,2012.

[8] 彭增安,著.语用·修辞·文化[M].上海:学林出版社,1998.

[9] 叶正渤,著.上古汉语词汇研究[M].北京:中央文献出

版社，2007.

[10]　王雅军，编著. 实用委婉语词典[M]. 上海：上海辞书出版社，2005.

[11]　沈锡伦，著. 语言文字的避讳、禁忌与委婉表现[M]. 台北：台湾商务印书馆，1996.

[12]　包惠南，包昂，编著. 中国文化与汉英翻译[M]. 北京：外文出版社，2004.

[13]　刘宏丽，著. 现代汉语敬谦辞[M]. 北京：北京语言文化大学出版社，2001.

[14]　刘宏丽，著. 明清敬谦语研究[M]. 北京：中国社会科学出版社，2010.

[15]　温端政，温朔雁，编. 敬谦语小词典[M]. 北京：语文出版社，2002.

[16]　张宇平，姜燕萍，于年湖，著. 委婉语[M]. 北京：新华出版社，1998.

[17]　李军华，著. 汉语委婉语研究[M]. 北京：中国社会科学出版社，2010.

[18]　吴进业，王超明，主编. 跨文化交际与外语教学[M]. 开封：河南大学出版社，2005.

附录2　林语堂先生主要作品

英文著作　　English Writings

1. *Letters of Chinese Amazon and War-time Essays*
   《女兵自传和战时随笔》(又称《林语堂时事述译汇刊》)

2. *The Little Critic*：*Essays*，*Satires and Sketches on China*，
   First Series：1930—1932
   《英文小品甲集》

3. *The Little Critic*：*Essays*，*Satires and Sketches on China*，
   First Series：1933—1935
   《英文小品乙集》

4. *My Country and My People*《吾国吾民》(又称《中国人》)

5. *Confucius Saw Nancy*，*and Essays About Nothing*《子见南子
   及英文小品文集》

6. *A History of the Press and Public Opinion in China*《中国新
   闻舆论史》

7. *The Importance of Living*《生活的艺术》

8. *The Wisdom of Confucius*《孔子的智慧》

9. *Moment in Peking*《京华烟云》

10. *With Love and Irony*《讽颂集》

11. *The Best Essays of Lin Yutang*《林语堂小品精华》

12. *A Leaf in the Storm*《风声鹤唳》

13. *The Wisdom of China and India*《中国与印度之智慧》

14. *Between Tears and Laughter*《啼笑皆非》

15. *The Vigil of a Nation*《枕戈待旦》

16. *The Gay Genius：the life and Times of Su Tungpo*
    《苏东坡评传》（又称《苏东坡传》或《苏东坡》）

17. *Chinatown Family*《唐人街》

18. *The Wisdom of Laotse*，Edited and Translated with
    Introduction and Notes by Lin Yutang《老子的智慧》

19. *Miss Du*《杜十娘》（又称《杜姑娘》）

20. *On the Wisdom of America*《美国的智慧》

21. *Widow，Nun and Courtesan：Three Novelettes from the
    Chinese*，Translated and Adapted
    by Lin Yutang《寡妇、尼姑与歌妓：英译三篇小说集》（又
    称《寡妇、妾与歌妓》）

22. *Famous Chinese Short Stories*，Retold by Lin Yutang《英译
    重编传奇小说》

23. *The Vermilion Gate*《朱门》

24. *Looking Beyond*《远景》

25. *Lady Wu*《武则天》（又称《武则天传》，《武则天正传》，
    《武后传》）

26. *The Secret Name*《匿名》

27. *The Chinese Way of Life*《中国的生活》

28. *From Pagan to Christianity*
    《由异教徒到基督教友》（又称《皈依耶教》或《信仰之
    旅》）

29. *Imperial Peking*：*Seven Centuries of China*
《帝国京华，中国在七个世纪的景观》（又称《辉煌北京》）

30. *The Red Peony*《红牡丹》

31. *The Pleasures of a Nonconformist*《不羁》

32. *Juniper Loa*《赖伯英》

33. *The Flight of the Innocents*《逃往自由城》

34. *Readings in Modern Journalistic Prose*《现代新闻散文选》

翻译作品　　**Translation Practice**

A. 英汉翻译作品（**E-C Translation**）

1.《国民革命外记》原著者待查

2.《女子与知识》罗素夫人原著

3.《易卜生评传及其情书》布兰地司原著

4.《卖花女》（剧本）萧伯纳原著

5.《励志文集》马尔腾博士原著

6.《新俄学生日记》奥格约夫原著，林语堂、张友松合译

7.《新的文评》史宾冈、克罗斋、王尔德等原著

B. 汉英翻译作品（**C-E Translation**）

1. *Six Chapters of a Floating Life*，by Shen Fu，Rendered into English by Lin Yutang
《浮生六记》，清朝沈复原著

2. *Chuangtse*，Translated by Lin Yutang《英译庄子》

3. *The Importance of Understanding*：*Translations from the Chinese*《中国古文小品选译》（又称《古文小品》）晋朝陶

潜等原著

4. *Nun of Taishan and other Translations*《英译老残游记第二集及其他选译》

5. *The Chinese Theory of Art：Translation from the Master of Chinese Art*《中国画论，译自国画名家》

6. *The Travels of Mingliaotse*《冥寥子游》明朝屠隆原著

附录3 本研究所用部分语料文本

A.《浮生六记》双语版

From Six Chapters of a Floating Life（北京：外语教学与研究出版社，1999）

1）所愧少年失学，稍识之无，不过记其实情实事而已，若必考订其文法，是责明于垢鉴矣。P2

My only regret is that I was not properly educated in childhood; all I know is a simple language and I shall try only to record the real facts and real sentiments. I hope that the reader will be kind enough not to scrutinize my grammar, which would be like eking for brilliance in a tarnished mirror. P3

2）无师之作，愿得知己堪师者敲成之耳。P6

I have had no one to teach me poetry, and wish to have a good teacher-friend who could help me to finish these poems. P7

3）芸曰："古文全在识高气雄，女子学之恐难入彀，唯诗之一道，妾稍有领悟耳。"P20

"The ancient literature," Yün said, "depends for its appeal on depth of thought and greatness of spirit, which I am afraid it is difficult for a woman to attain. I believe, however, that I do understand something of poetry." P21

4)《楚辞》为赋之祖，妄学浅费解。P22

The Ch'u Tz'u is, of course, the fountain head of fu poetry, but I find it difficult to understand. P23

5）偶为之整袖，必连声道"得罪"；或递巾授扇，必起身来接。P24

Whenever I put on a dress for her or tidied up her sleeves,she would say "So much obliged" again and again,and when I passed her a towel or a fan,she would always stand up to receive it. P25

6）自此"岂敢""得罪"竟成语助词矣。P24

From then on our conversations were full of "I'm sorry's" and "I beg your pardon's". P25

7）芸曰："妾作狗久矣，屈君试尝之。"P42

"Well,I have been a dog for a long time,why don't you try to be one?" P43

8）蒙夫人抬举，真蓬蒿倚玉树也。但吾母望我奢，恐难自主耳，愿彼此缓图之。P78

"I should feel greatly honored if I could come to your home,but my mother is expecting a lot of me and I can't decide by myself. We will watch and see…" P79

9）贫士屋少人多，当仿吾乡太平船后梢之位置，再加转移。P98

Poor scholars who live in crowded houses should follow the method of the boatmen in our native district who make clever arrangements with their limited space on the sterns of their boats by devising certain modifications,such as making a series of successive elevations one after another,and using them as beds,of which there may be three in a little room,and separating them with booked wooden partitions. P99

10）即此小经营，尚干造物忌耶！P100

The gods seem to be jealous even such a little effort of ours. P101

11）贫士起居服食以及器皿房舍，宜省俭而雅洁，省俭之法曰"就事论事"。P118

A poor scholar should try to be economical in the matter of food,clothing,house and furniture,but at the same time be clean and artistic. In order to be economical,one should "manage according to the needs of the occasion," as the saying goes. P119

12）乾隆乙巳，随侍吾父于海宁官舍。芸于吾家书中附寄小函。P126

When I was staying with my father at the Haining yamen in 1785,Yün used to enclose personal letters of hers along with the regular family correspondence. P127

13）庚成之春，予又随侍吾父于邗江幕中，有同事俞孚亭者挈眷居焉。P126

In the spring of 1790, I again accompanied my father to the magistrate's office at Hankiang [Yangchow]. P127

14）余弟启堂时亦随侍。P128

At that time, my younger brother Ch'it'ang was also there. P129

15）忆妾唱随二十三中，蒙君错爱，百凡体恤，不以顽劣见弃。P170

As I look back upon the twenty-three years of our married

life, I know that you have loved me and been most considerate to me, in spite of my faults. P171

16）总因君太多情，妾生薄命耳！P170

It all comes of your too great love, bestowed upon one who is ill-fated and unworthy of this happiness. P171

17）妾若有生机一线，断不敢惊君听闻。P172

If there were the slightest ray of hope, I would not have told you all these things. P173

18）甲辰之春，余随侍吾父于吴江明府幕中，与山阴章苹江、武林章映牧、苕溪顾蔼泉诸公同事，恭办南斗圩行宫，得第二次瞻仰天颜。P228

In the spring of 1784, I accompanied my father to the yamen of Wukiang under the magistrate Mr. Ho,where I had colleagues like Chang Pinchiang of Shanyin,Chang Yingmu of Wulin and Ku Aich'uan of T'iaoch'i. P229

19）曩者小徒不知食何物而腹泻，今勿再与。P238

The old monk told me that the acolyte had developed diarrhea after we had left there the last time,that he did not know what we had given him to eat and that we should refrain from doing any such thing again. P239

20）君或体有不安，妾罪更重矣。P127

Take good care of yourself and increase not the burden of my sins. P127

21）可知一己之见，未可测其奥妙！P246

It is true that one is never too old to learn! P247

22）茶叶俱无，恐慢客耳，岂望酬耶？P288

"Pay me for what trouble? That is not the point," replied the young man laughingly. "I was only afraid of being rude, for we have not even got tea leaves here." P289

23）以余管窥所及，不知其妙。P304

For an uncultivated person like myself. I just fail to see where its beauty lies. P305

B.《京华烟云》中、英文版本

From Moment in Peking（北京：外语教学与研究出版社，2005）*and*《京华烟云》（西安：陕西师范大学出版社，2005）

1）The message expressed profuse thanks to Mr. Tseng for this great favor, never to be fully requited even if Mr. Yao became a dog or horse in the next incarnation to serve him; …P57

电报上的话是说，曾先生的大恩大德，姚思安来生变做犬马也难报还，真是千恩万谢；……P52

2）"Why haven't you had everything prepared instead of leaving it until this minute?" scolded Mrs. Tseng. She knew that the guests had arrived earlier than was expected, so that it was not the servant's fault; but she said this to show the greater respect to the guests. P86

曾太太责怪仆人说："为什么不早把各种东西准备好，到现在才忙乱？"她知道客人是比曾家预料的到得早几天，所以不是仆人的过错。她说这话是表示对客人的特别的敬意。P76

3）"Sit down," said Mannia.

"I am not worthy," replied Snow Blossom. "You must pardon my rudeness. You have come to our place and I have not even offered you a cup of tea." P103

曼娘说："请坐。"

雪花回答说："不敢当。我粗笨，您多包涵。您到这儿来，我还没给您倒碗茶。"P90

4）If you don't think our place unworthy, I shall tell my parents and they will send for you this afternoon. P109

您若不嫌舍下简陋，我就回去告诉我父母，今天下午他们来接您两位。P95

5）"It isn't true, "said the girls' mother modestly, " It is all because you and your husband love them and are indulgent toward them." P126

木兰的母亲说："您说哪儿的话？都是您和您先生喜欢她们，宠爱她们就是了。"P111

6）"I am a useless woman," said Mannia's mother, "and ignorant of the customs of Peking, 北京：外语教学与研究出版社，Even at this wedding, I am not able to do a thing. Everything is done for us, mother and child, by the bridegroom's parents who have been so kind to us.…" P132

曼娘的母亲说："我是个不中用的人，又不懂北京城的礼节。在这大喜的日子，我也不会做什么。什么事都是亲家公亲家母给我们母女准备的，他们两位太好了。……"P116

7）"Don't listen to her," said Mochoe modestly. "But you have not been to our place for a long time, Auntie Tseng. Come with us after dinner." P146

莫愁谦逊说："别听她的，不过曾伯母您好久没到我们家了，吃完饭到我们家坐坐吧。"P129

8）"This is my duty," said Snow Blossom, "and I dare not bother Phoenix with it." P148

雪花说："这是我分内的事，不能麻烦凤凰姐姐。" P130

9）"My child," said the grandmother, "how clever you are! I have lived to such a grand age without tasting peanut soup that was so good."

"That's nothing; it is my filial piety and respect to your old person," replied Mulan. "If your old person likes it, I'll teach Dasmask to make it, and you can have it every day." P150

老太太说："孩子，你怎么那么聪明！我活了这么大岁数儿，都没尝过这么好的花生汤！"

木兰回答说："这算不了什么，这是我孝敬您老人家的，您老人家若是愿喝，我告诉石竹怎么做，您每天都可以喝。" P132

10）"What a feat for her," said Mrs. Tseng. " Books are open to everybody, yet our boys have not learned from them. Our Sunya really can't compare with her in books or in general understanding of grown-manners." P150

曾太太说："真有本领。谁眼前都可以翻开书。可是咱们的孩子就没在书上学到哇。咱们苏亚，论书本儿，不能跟木兰比，论懂事有礼貌，也不能跟木兰比。" P132

11）Lifu was embarrassed, and his mother said, "We are common people but Vice-Director Fu has been unusually kind to us, mother and children." P155

立夫有点儿有局促不安。她母亲说："我们母子平平无奇，可是傅大人太抬爱了。" P136

12）"Mrs. Yao, you are joking," replied Lifu. "If you don't think me unworthy, it will be an honor to me." P160

立夫回答说："姚太太，您说笑话儿。您若不嫌我没出息，就是我的面子。"P141

13）"Machow, how dare you argue with Uncle Fu?" P163

"莫愁，你怎么敢跟傅伯伯争论？"P143

14）"It was my fault. I should have known. But I wanted her to see it at least once." P312

木兰说："都是我的不是。我应当知道这种情形。但是当时我只想让她至少看一次电影儿。"P276

15）"I am honored by your favor," Liang replied. "If you deign to use me, command me just once to do anything, and you will see if Old Liang is not worthy of your confidence." P367

老梁回说："我得夫人恩宠，真是三生有幸。您若降恩差遣，您就吩咐小的一件事，您就看得出我老梁是不是不识抬举，是不是知道感恩图报。"P326

参考文献

[1] Gu,Yueguo. *Politeness phenomena in modern Chinese* [J]. Journal of Pragmatics,1990.

[2] G. Leech. Principles of Pragmatics [M]. London: Longman, 1983.

[3] http://www.Kingsoft.com.

[4] http://www.nova.edu/ssss/QR/QR3-3/tellis2.html. Application of a Case Study Methodology by Winston Tellis. The Qualitative Report,Volume 3,Number 3,September,1997.

[5] http://en.wikipedia.org/wiki/Case_study.

[6] http://en.wikipedia.org/wiki/Case_study. Bent Flyvbjerg, "Five Mis- understandings About Case Study Research." Qualitative Inquiry,vol. 12,no. 2,April 2006：218-245.

[7] http://www.w-m.com.

[8] Lin Yutang. *Six Chapters of a Floating Life* [M]. 北京：外语教学与研究出版社，1999.

[9] Lin Yutang. *The Importance of Living* [M]. 北京：外语教学与研究出版社，1998.

[10]   Lin Yutang. *The Wisdom of Laots* [M]. 西安：陕西师范大学出版社. 2004.

[11]   Newmark. *Approaches to Translation* [M]. 上海：上海外语教育出版社，2001.

[12]   Newmark. *A Textbook of Translation* [M]. 上海：上海外语教育出版社，2001.

[13]   Nida, Eugene A. and C. R. Taber. *The Theory and Practice of Translation* [M]. Shanghai：Foreign Language Education Press, 2004.

[14]   Nida, Eugene A. *Toward A Science of Translating*[M]. Shanghai：Foreign Language Education Press, 2004.

[15]   Newmark, Peter. *About Translation* [M]. Multilingual Matters Ltd., 1991.

[16]   Nida, Eugine A. *Language and Culture*：Contexts in Translating [M]. 上海：上海外语教育出版社. 2001.

[17]   Nida, Eugene A. *Translating Meaning* [M]. English Language Institute, 1982.

[18]   *Oxford Advanced Learner's Dictionary of Current English with Chinese Translation*. 商务印书馆，牛津大学出版社，1995.

[19]   蔡平. 文化翻译研究[D]. 湖南师范大学博士学位论文，2008.

[20]   曹雪芹. 红楼梦[M]. 北京：人民文学出版社，1982.

[21]   常敬宇. 也谈称父母的谦词问题[J]. 汉语学习，1999.

[22]   丁如明，等. 聊斋志异[M]. 上海古籍出版社，1992.

[23]   冯庆华. 实用翻译教程[M].上海：上海外语教学出版社，

2002.

[24] 桂徐贵. 汉英谦辞对比研究与翻译[D]. 上海外国语大学硕士学位论文，2008.

[25] 顾曰国. 礼貌、语用与文化[J]. 外语教学与研究，1992（4）.

[26] 郭建中. 文化与翻译[M]. 北京：中国对外翻译出版公司，2000.

[27] 何兆熊. *A Study of Politeness in Chinese and English Culture* [J]. 外国语，1995（5）.

[28] 何兆熊. 新编语用学概要[M]，上海：上海外语教育出版社，2000.

[29] 洪成玉. 谦词敬词婉词词典[M]. 北京：商务印书馆，2002.

[30] 胡金生，黄希庭. 华人社会中的自谦初探[J]. 心理科学，2006，29（6）：1392-1395.

[31] 李定坤. 汉英辞格对比与翻译[M]. 武汉：华中师范大学出版社，1994.

[32] 李莉. 从文化等值看文化负载词的翻译[D]. 河北大学硕士学位论文，2010.

[33] 李露蕾. 小、大类推之误——敬谦词运用之难[J]. 修辞学习，2004.

[34] 李清花. 探析汉语谦辞在现代英语中的体现[J]. 考试周刊，2007，19：48-49.

[35] 黎昌抱. 王佐良翻译风格研究[D]. 上海外国语大学博士学位论文，2008.

[36] 林太乙. 林语堂传[M]. 北京：中国戏剧出版社，1994.

[37] 林语堂. 京华烟云[M]. 北京：外语教学与研究出版社，

2005.

[38]　林语堂. 论翻译[A]. 罗新璋. 翻译论集[C]. 北京：商务印书馆，1984.

[39]　林语堂. 林语堂名著全集[M].长春：东北师范大学出版社，1994.

[40]　刘宓庆. 文体与翻译[M].北京：中国对外翻译出版公司，1998.

[41]　刘重德. 文学翻译十讲[M]. 北京：中国对外翻译出版公司，1995.

[42]　刘恭懋. 古代礼貌语言[M]. 贵阳：贵州人民出版社，2001.

[43]　刘宏丽. 现代汉语敬谦辞[M]. 北京：北京语言文化大学出版社，2001.

[44]　刘宏丽. 关注成人敬谦辞运用的得体性——由敬谦辞的误用所想[J]. 中国成人教育，2007.

[45]　刘宏丽. 敬谦辞浮沉与文化变迁[J]. 宁夏社会科学，2007.

[46]　刘宏丽. 明清敬谦语研究[M]. 北京：中国社会科学出版社，2010.

[47]　刘茁. 词汇化程度的英汉对比分析[J]. 深圳大学学报（人文社会科学版），2005.

[48]　罗培常. 语言与文化[M]. 北京：语文出版社，1996.

[49]　潘文国. 当代西方的翻译学研究——兼谈"翻译学"的学科性问题[J]. 中国翻译，2002.

[50]　潘文国. 汉英语对比纲要[M].北京：北京语言文化大学出版社，1997.

[51] 屈延平. 文化对比语篇分析[M]. 北京：外语教学与研究出版社，1991.

[52] 施耐庵，罗贯中. 水浒传[M]. 北京：人民文学出版社，2006.

[53] 束定芳. 中国语用学研究论文精选[C]. 上海：上海外语教育出版社，2001.

[54] 王宏印. 文学翻译批评论稿[M]. 上海：上海外语教育出版社，2006.

[55] 王菊泉，郑立信. 英汉语言文化对比研究（1996—2003）[C]. 上海：上海外语教育出版社，2004.

[56] 王克非. 翻译文化史论[M]. 上海：上海外语教育出版社，1997.

[57] 王力. 汉语史稿[M]. 北京：中华书局，2004.

[58] 王泽鹏.《现代汉语词典》的敬谦辞[J]. 辞书研究，1993.

[59] 肖家燕，刘泽权. 被扭曲的中华称谓——《红楼梦》尊他敬语五种英译之比较[J]. 外国语文，2009.

[60] 许余龙. 对比语言学概论[M]. 上海：上海外语教育出版社，1992.

[61] 许余龙. 对比语言学[M].上海：上海外语教育出版社，2002.

[62] 许余龙. 定量对比研究的方法问题[A]. 王菊泉，郑立信，编. 英汉语言文化对比研究（1996—2003）[C]. 上海：上海外语教育出版社. 2004.

[63] 杨莉. 敦煌书仪《问疾书》的语言表现[J]. 青海民族学院学报，2009.

[64] 杨宪益，戴乃迭. *A Dream of Red Mansions* [M]. 北京：

外语教学与研究出版社，1978.

[65] 杨自检，李瑞华. 英汉对比研究论文集[M]. 上海：上海外语教育出版社，1990.

[66] 张会森. 对比语言学问题[A]. 王福祥编. 对比语言学论文集[M]. 北京：外语教学与研究出版社，1992.

[67] 张振玉. 京华烟云[M]. 西安：陕西师范大学出版社，2005.

[68] 赵永新. 汉外语言文化对比与对外汉语教学[M]. 北京：北京语言文化大学出版社，1997.